PARIS. — IMPRIMERIE DE CH. MEYRUEIS ET COMPAGNIE

RUE SAINT-BENOIT, 7. — 1856

HISTOIRE

DES GUERRES ET DES CONQUÊTES

DES ARABES EN ARMÉNIE

PAR

L'éminent GHÉVOND, vardabed arménien

ÉCRIVAIN DU HUITIÈME SIÈCLE

TRADUITE PAR

GARABED V. CHAHNAZARIAN

ET ENRICHIE DE NOTES NOMBREUSES.

PARIS

LIBRAIRIE DE CH. MEYRUEIS ET COMPAGNIE, ÉDITEURS
RUE TRONCHET, 2

—

1856

TABLE DES MATIÈRES.

Préface VII

Lettre de M. Reinaud à M. Garabed v. Chahnazarian . . . IX

Notice XI

Chap. I. Premières guerres des Arabes et leurs premières
conquêtes sur l'empire d'Orient 1

— II. Ravages des Arabes en Perse; leur première invasion en Arménie; échec subi par la milice arménienne 5

— III. Seconde et troisième invasion des Arabes en Arménie 8

— IV. Califat de Moavias, qui dura dix-neuf ans et quatre
mois; sa mort; le prince Grégoire est nommé
par lui commandant de l'Arménie, soumise sous
Moavias au joug des Arabes; événements qui y
ont lieu à cette époque 13

— V. Achott investi du gouvernement de l'Arménie; sa
mort. Destruction des Horomotz par un incendie. Bataille de Marais. Insurrection des Arméniens. Bataille de Vardanakert et victoire des
Arméniens sur les Arabes; fin de l'insurrection. 15

— VI. Mort d'Abdal-Mélek. Avénement au trône de son
fils Valid; fin tragique de l'aristocratie arménienne 30

— VII. Règne d'Omar II, sa générosité; les captifs arméniens recouvrent leur liberté; sa correspondance avec Léon, empereur de Bysance . 40

— VIII. Règne d'Yézid II. Persécution contre le christianisme; règne de Héscham et guerre contre
les Huns et les Grecs. 98

FIN DE LA TABLE DES MATIÈRES.

PRÉFACE.

L'ouvrage que nous présentons au public français est un document absolument inconnu jusqu'ici, et qui jette une vive lumière sur l'histoire de l'Arménie et du Bas-Empire au huitième siècle de notre ère.

Le manuscrit original est dans la bibliothèque du célèbre couvent d'Etchmiadzine, au pied du mont Ararat. Nous en avons procuré à la Bibliothèque Impériale de Paris une copie très exacte, sur laquelle nous avons fait cette traduction.

C'est sur l'invitation de M. Jean Reinaud, professeur d'arabe et conservateur des manuscrits à la Bibliothèque Impériale, que nous avons entrepris ce travail; nous devons exprimer ici à M. Reinaud notre reconnaissance pour les renseignements qu'il a bien voulu nous fournir et qui ont servi à éclairer certains mots arabes de notre texte.

Nous espérons que cette publication pourra contribuer à éveiller l'attention du public littéraire français sur cette noble Arménie, dont nous nous honorons d'être l'enfant et qui mérite à tant d'égards la sympathie de la France.

Aujourd'hui qu'une heureuse alliance unit la France et l'empire turc, il est intéressant de porter ses regards sur une partie de ce vaste empire qui, dès les temps des croisades, avait noué avec la France des liens étroits.

Dans ses jours de malheur et de déclin, c'était à la France que s'adressait l'Arménie, et lorsque enfin son dernier roi, l'infortuné Léon, dut abandonner aux Egyptiens sa patrie, ce fut en France qu'il vint chercher pour elle des amis et des secours. L'histoire nous a conservé sur le séjour de Léon en France des détails touchants, auxquels les circonstances actuelles donnent un remarquable intérêt. Léon avait été reçu par Charles VI.

avec tous les honneurs dus à son rang; le roi avait mis à sa disposition le palais de Saint-Antoine à Saint-Denis et une pension considérable. Il lui avait promis en même temps qu'aussitôt qu'il aurait terminé la guerre qu'il soutenait avec l'Angleterre, il s'intéresserait à la cause arménienne. Dans un entretien qu'il lui accordait un jour, Léon lui dit ces paroles frappantes : « *Le salut des chrétiens d'Orient dépend de l'alliance de la France et de l'Angleterre,* » et il demanda à Charles, qui la lui accorda, la permission d'aller en Angleterre essayer de rétablir la paix entre les parties belligérantes. Le peuple anglais le reçut avec enthousiasme, mais sa mission ne put aboutir, et Léon revint pour mourir à Paris le 29 novembre 1393; il y fut enterré dans le couvent des Célestins, d'où l'on transporta pendant la révolution ses restes à Saint-Denis. Paris tout entier s'associa au deuil qui frappa en lui les Arméniens. Juvénal des Ursins nous a conservé le souvenir de cet enterrement où « furent, dit-il, les princes et seigneurs et foison de peuple. »

Dès lors, les sentiments de la nation arménienne pour la nation française n'ont pas changé. Assurément, son sort n'est plus aujourd'hui ce qu'il était dans ces tristes époques dont l'historien Ghévond nous a retracé le navrant tableau. Des jours meilleurs se sont levés pour elle; le sultan Mahmoud de glorieuse mémoire et son digne successeur le sultan Abdul-Medjid ont, par leurs sages réformes, donné le signal de la régénération de l'Orient; c'est pour cette œuvre de régénération que nous invoquons en faveur de l'Arménie la sympathie du peuple français.

Puisse la publication de cet ouvrage contribuer à éveiller cet intérêt auquel notre patrie a droit par ses longues souffrances et par son inébranlable attachement à la France. Tels sont nos vœux, telle est notre espérance.

G. V. CHAHNAZARIAN.

Le 13 mai 1856.

Lettre de M. Reinaud a M. Garabed v. Chahnazarian.

Monsieur,

Vous avez pris la peine de faire pour la Bibliothèque Impériale la copie de deux ouvrages historiques écrits dans votre langue maternelle, et que vous avez vous-même apportés du fond de l'Arménie. Un de ces ouvrages, dont la rédaction remonte au huitième siècle de l'ère chrétienne, est une histoire des guerres et des conquêtes faites déjà à cette époque par les Arabes dans votre infortunée patrie; il a pour auteur un varabed du nom de Léonce. Jusqu'ici cet ouvrage était si peu connu en Europe qu'il n'en est pas dit un seul mot dans le livre de l'archevêque Placido Sukias-Somal, qui a paru à Venise, en 1829, sous le titre de : *Quadro della storia letteraria di Armenia*.

La littérature arménienne est digne de tout notre intérêt. Par son origine elle remonte aux souvenirs laissés par les antiques monarques de l'Assyrie, les Sémiramis, les Nabuchodonosor, etc.; par les développements qu'elle acquit plus tard, elle est un exemple de l'influence exercée par les Grecs en Asie, après les conquêtes d'Alexandre le Grand; elle a même l'avantage inappréciable de nous avoir conservé plusieurs ouvrages grecs dont la version originale avait disparu. Au moyen âge, fidèle comme elle était aux lois du christianisme, elle s'inspira des idées propagées en Orient par les armées européennes des croisés, et l'Arménie offrit un moment l'aspect d'une seconde France. A l'heure qu'il est, il n'est peut-être pas de nation orientale qui soit plus disposée à s'identifier avec nos sentiments et nos goûts.

L'ouvrage de Léonce contient probablement des renseignements curieux, des renseignements qui, se retrouvassent-ils dans les chroniques postérieures, conserveraient pour nous un prix particulier à raison de l'ancienneté de leur origine. Il me semble donc que la traduction d'une pareille relation, faite par un homme aussi bien préparé que vous, et à une époque où les yeux de l'Occident sont tournés vers l'Orient, ne pourrait pas manquer d'attirer l'attention des savants d'Europe.

C'est à vous, Monsieur, qu'il appartient d'apprécier l'opportunité de cette proposition. Veuillez bien, dans tous les cas, agréer l'assurance des sentiments de considération avec lesquels j'ai l'honneur d'être

Votre dévoué serviteur,
REINAUD.

Bibliothèque Impériale, ce 5 janvier 1856.

NOTICE SUR L'ÉPOQUE OU GHÈVOND A VÉCU,

ET SUR SON STYLE.

Les écrivains arméniens, postérieurs au huitième siècle de l'ère chrétienne, appellent, en général, notre auteur Ghévond, nom qui correspond à celui de Léonte ou Léonce ; et ils lui attribuent un ouvrage historique, traitant des guerres et des conquêtes des Arabes, dans les septième et huitième siècles, et des horribles cruautés qu'ils commirent en Arménie depuis le moment où ils s'en furent emparés.

Mekhithar d'Aïrivank, auteur d'une Chronique générale, qui vivait au douzième siècle, fait mention de lui en parlant des historiens arméniens, sans cependant indiquer son époque ; il le place entre Moïse Kaghancandouatzi, auteur d'une histoire d'Albanie, et Oukhtanès, évêque, également historien ; Stéphan ou Étienne Açoghik, qui vivait au dixième siècle, auteur d'une histoire générale qui jouit d'une certaine réputation, parle également de lui dans l'introduction de son livre comme d'un des écrivains dans lesquels il a puisé. Il place Léonte entre Sébéos, auteur d'une Histoire des guerres d'Héraclius Ier en Perse, et Chapouh de Bagratouni qui a écrit la généalogie de cette dynastie, à laquelle l'Arménie venait de confier au neuvième siècle ses destinées en l'appelant à la dignité royale. Stéphan

Açoghik parle de Ghévond comme d'un auteur qui a raconté les invasions des Arabes et leurs cruautés en Arménie.

Le frontispice de notre texte portait : « Histoire de l'apparition de Mahomet et de ses successeurs qui ont subjugué l'univers et spécialement l'Arménie, faite par Ghévond, éminent *vardabed* arménien. » Mais en ouvrant l'ouvrage, au lieu d'y trouver le récit de la naissance ou des débuts de Mahomet, la première chose qu'on y rencontre, c'est sa mort. Il ne faut donc pas trop préciser le titre de cet ouvrage, puisque Ghévond ne commence son histoire qu'à la mort de Mahomet, et à la sainte guerre que son peuple déclara sous Abou-Béker, Omar et Osman ou Othman, califes du Prophète, au monde non musulman.

En outre, Ghévond ne fait que mentionner rapidement les événements qui eurent lieu en Arménie sous les trois califes qui succédèrent immédiatement à Mahomet; sa véritable histoire ne commence que par la soumission de l'Arménie au joug des Arabes, en l'an 661, sous le règne de Moavias, premier calife ommiade, qui transporta sa résidence de l'Arabie en Syrie. C'est à cette époque que l'Arménie reconnut pour la première fois la suzeraineté des souverains arabes en vertu d'une convention; et ce fut par suite de cet acte qu'elle reçut l'année suivante (662) Grégoire de Mamikon pour son premier gouverneur général ou Vostikan, nommé par l'autorité du calife [1]. Jusque-là, l'Arménie n'avait fait que repousser constamment les attaques des Arabes, depuis l'an 632. C'est donc à cette dernière date que Ghévond commença son histoire, qu'il continue jusqu'en 788, époque de l'avénement de Stéphan au catholicosat de l'Église arménienne, embrassant ainsi un espace de 156 ans.

[1] P. Tshaguetshian suppose, dans son *Abrégé de l'Histoire d'Arménie*, publié à Vienne (1851), en arménien, page 224, que cet événement eut lieu en 550, époque où Moavias n'était pas encore monté sur le trône des Califes.

Bien que ni la date de la naissance de Ghévond, ni celle de sa mort, ne soient connues exactement, on sait cependant qu'il a vécu dans la dernière moitié du huitième siècle, et qu'il a par conséquent été le témoin des derniers événements qu'il a racontés. En parlant de la bataille d'Ardjeche, qui eut lieu entre les Arméniens et les Arabes, vers l'an 770-771, il dit : « Les ennemis eux-mêmes m'ont assuré le fait, en me disant. » Et plus loin il ajoute : « Ils m'ont dit encore. » Cette manière de s'exprimer prouve suffisamment que Ghévond vivait à l'époque indiquée, et qu'il a été témoin oculaire de ces affreuses guerres qu'il nous raconte avec tant de tristesse et d'une manière si émouvante.

En sa qualité de vardabed ou docteur de l'Eglise arménienne, Ghévond paraît avoir fort étudié la Bible. Son langage est simple, naïf; on dirait qu'il imite le style de la Bible, dont il fait de fréquentes citations. Dans tous les événements politiques et militaires qui se passent sous ses yeux, il ne voit que le doigt de la Providence dirigeant les destinées humaines. Il attribue les victoires remportées par ses compatriotes sur l'ennemi à la protection divine, et leurs revers au châtiment divin, bien que parfois ce fût dans le même jour et dans la même rencontre que les Arméniens étaient tour à tour vainqueurs et vaincus. Les mots de talent militaire, de génie, d'habileté, de fanatisme, d'enthousiasme religieux, de stratégie, de stratagèmes, de force morale, et bien d'autres encore qui sont fort usités dans une histoire militaire sont à peu près inconnus à l'éminent Ghévond, qui, comme un enfant de la nature et comme un chrétien naïf, ne voit dans tous les événements et les faits d'armes que la seule volonté de Dieu qui s'accomplit. Il n'analyse, il ne discute ni la condition morale, religieuse et politique de ses compatriotes, ni celle de leurs ennemis; ni la position géographique de son pays, ni celle de l'Arabie; ni la mollesse, le relâchement et les dissensions politiques et religieuses, devenues malheureusement fort nombreuses alors parmi les chrétiens et surtout parmi les Arméniens, et qui ont si puissamment contribué à l'agrandissement et à la consolidation de l'empire arabe. Quant à son style, il n'est ni concis comme celui de Moïse de Khorène, ni clair comme celui de Lazar de Parbi, ni énergique comme celui d'Elysée, ni pittoresque comme celui de Jean le Catholicos; il n'est pas même correct ni coulant : en un mot, c'est un style qui n'a rien au-dessus du commun. Ghévond aime les répétitions, et son style porte déjà le caractère du déclin de la littérature arménienne. Par conséquent, c'est à tort que les pères Mékhitaristes de Venise, dans leur *Nouveau dictionnaire arménien*[1], qualifient cet ouvrage de « pur chef-d'œuvre de l'arménisme. » Je sais positivement que ces pères n'en possédaient aucun exemplaire avant 1836, et que celui qu'ils ont reçu depuis cette époque ne diffère nullement du mien, tous les deux étant copiés sur le même et unique manuscrit que le feu Garabed, archevêque arménien, tira du couvent de Baghèche (Bithlise des Turcs), et offrit plus tard à la bibliothèque d'Etchmiadzine; or, le mien qui est une exacte copie de l'original, est plein de fautes, d'inexactitudes et d'obscurités, comme on peut le voir dans les nombreuses notes que j'ai trouvé nécessaire d'ajouter en plusieurs endroits de ma traduction pour l'éclaircir; et ce n'est ni un « pur chef-d'œuvre de l'arménisme, » comme le prétendent les Mékhitharistes, ni même un ouvrage en arménien correct; c'est un monument en style passable et souvent énigmatique, n'ayant aucune valeur, ni aucun intérêt comme œuvre littéraire; mais très important et très précieux comme œuvre historique, puisque c'est presque l'unique source où l'on puisse trouver l'histoire des événements politiques de l'Arménie au huitième siècle, et que les historiens qui en ont été privés, comme Tshamtshian lui-même, sont tombés dans des fautes assez grossières ou dans de pures conjectures.

Evitant les nombreuses difficultés que présentait mon texte, obscur dans plus d'un endroit, j'ai préféré faire

---

[1] Publié en 1836-37, en deux volumes in-folio, t. I, p. 16.

une traduction tantôt libre, tantôt littérale, en m'en tenant constamment et rigoureusement au sens de l'auteur ; et je nourris l'espérance que le public littéraire français, auquel j'offre humblement cette première traduction, l'accueillera avec la bienveillance qu'il a si souvent témoignée aux étrangers qui ont emprunté sa langue pour faire connaître l'histoire ou l'état de leur pays.

CHAPITRE Ier [1].

PREMIÈRES GUERRES DES ARABES ET LEURS PREMIÈRES CONQUÊTES
SUR L'EMPIRE D'ORIENT.

Mahomet [2] mourut après vingt ans de gouvernement. Ses premiers successeurs sont connus sous le nom d'Émirs-al-Mouménin [3]. Le califat des trois premiers, Abou-Béker, Omar et Othman, remplit un espace de trente-huit ans. Abou-Béker monta sur le trône dans la onzième année du règne d'Héraclius, empereur d'Orient, surnommé le *Pieux* et le *Couronné de Dieu.*

Tant que ce prince vécut, les provinces de Palestine restèrent sous la domination grecque ; et les Arabes, tenus en respect par sa bravoure [4], n'y ten-

---

[1] Le texte arménien n'a aucune division.

[2] Mahomet ou Mouhammed, prophète et législateur du monde musulman, né l'an 570 d'Abdallah et d'Eminach, de la tribu des Koreischites. A l'âge de quarante ans, il commença à prêcher l'*Islamisme*, c'est-à-dire la consécration ou la résignation de Dieu. Condamné à mort, il se réfugia, le 16 juillet 622 après J.-C., à Médine, et c'est de cette fuite ou Hégire que date l'ère mahométane. Après avoir remporté plusieurs victoires, il s'empara, en 630, de la Mecque, et mourut deux ans après (en 632, le 8 juin), à Médine.

[3] C'est-à-dire *Commandants des fidèles.* Abou-Béker, successeur immédiat de Mahomet, prit le titre de Calife ; son successeur, Omar, celui d'Emir-al-Mouménin. (*Les Hommes illustres de l'Orient*, par Alex. Mazas, t. I, p. 110 et 115.)

[4] La guerre sainte des Musulmans commença l'an 632 après J.-C., et les conquêtes suivirent de près cette date. Bostra fut prise la même année ;

tèrent aucune agression. Mais à peine le bruit de sa mort et de l'avénement de Constantin au trône paternel fut-il répandu, que, par la permission de Dieu et pour châtier les peuples chrétiens à cause des péchés commis contre lui, l'agitation commença parmi ces gens dangereux, excités par l'ordre de leur prophète. « C'est à nous, leur dit-il, qu'est destinée la fertilité du monde, et c'est vous qui devez manger les corps des gens d'élite de l'univers, boire le sang des hommes forts ; prenez donc pour guides les Juifs qui vous excitent. » En effet, ceux-ci s'étaient présentés au camp des Arabes et leur rappelaient que Dieu avait promis à Abraham que les habitants du monde lui seraient soumis. « Bien que ce soit nous, ajoutaient-ils, qui soyons les héritiers et les descendants du patriarche, nous avons par notre perversité irrité l'Eternel; aussi avons-nous perdu notre indépendance, et sommes-nous devenus les esclaves des étrangers. Mais vous, enfants comme nous du patriarche Abraham, venez à notre aide, et délivrez-nous de l'oppression des Grecs; ensuite, nous administrerons en commun le pays. »

Les Arabes[1], encouragés par cette proposition, résolurent d'envahir la Palestine. Instruit de leur projet, l'empereur de Byzance expédia l'ordre suivant au gouverneur militaire de cette province : « Je suis informé que les Sarrazins ont résolu d'attaquer la Pa-

Damas en 634; Emèse en 635; Jérusalem en 636; Alep en 637; Antioche en 638; Memphis et Alexandrie en 639; toutes, par conséquent, pendant la vie d'Héraclius, qui mourut en 641. Il y a donc erreur dans le texte.

[1] L'auteur de cet ouvrage les appelle *Madianites,* du nom d'un peuple qui habitait antérieurement la terre de Madian, contrée de l'Arabie Pétrée, située le long de la mer Rouge, au midi de la montagne de Sinaï. Les Madianites furent exterminés en grande partie par Moïse et par Gédéon.

lestine et la Syrie. Réunis donc tes troupes, présente-
leur la bataille, arrête-les, et protége nos possessions
contre leurs ravages et leur barbarie. Hâte-toi de
mettre ton armée sur le pied de guerre. »

Le gouverneur, après avoir reçu cet ordre, pres-
crivit aux généraux placés sous son commandement
de se joindre à lui, et il marcha avec eux à la
rencontre de l'ennemi. Les deux armées se rencontrèrent sur la frontière de l'Arabie Pétrée. Les
Arabes paraissaient innombrables, leurs chevaux et
leurs chameaux ressemblaient à des nuées de sauterelles.

Les Grecs commirent là une grande faute. Ayant
laissé dans leur camp chevaux et bagages, ils s'en
éloignèrent à une distance de plusieurs stades[1], et ils
se disposèrent à livrer bataille à pied dans un pays
montueux et sablonneux. Aussi, tourmentés par une
chaleur brûlante et accablés sous le poids de leurs
armures, ils finirent par succomber. La cavalerie ennemie les chargea avec impétuosité et fit de grands
ravages dans leurs rangs. Contraints de battre en
retraite et poursuivis jusque dans leur camp, ils perdirent beaucoup de monde. Les débris de l'armée
grecque eurent à peine le temps de se procurer des
montures et de regagner leur pays[2].

Les Arabes, maîtres du camp des Grecs, s'empa-

___

[1] Nom commun à diverses mesures itinéraires anciennes : le stade
olympique valait 184 m. 95 ; le *pythique*, 147 m. 96 ; le *romain ou italique*,
185 m. 15 ; le *grand stade asiatique*, 222 m. 28.

[2] Cette fameuse bataille, qui décida du sort de Jérusalem, de la Palestine et de la Syrie, fut livrée en l'an 636 de J.-C., et si mes informations
sont exactes, elle est connue dans l'histoire sous le nom de bataille d'Yar-
ma. L'armée chrétienne était commandée par Manuel le patrice (Mahan),
celle des Musulmans par Khaled et Obeïdah. Jérusalem fut conquise sur
les Grecs par Abou-Obeïdah en 636.

rèrent de leurs richesses, et s'en retournèrent avec joie chargés de leurs dépouilles. Ils imposèrent un tribut aux habitants et aux églises de Jérusalem, la sainte ville ; et, depuis cette victoire, ils demeurèrent les maîtres de la Palestine et de la Syrie.

CHAPITRE II.

RAVAGES DES ARABES EN PERSE ; LEUR PREMIÈRE INVASION EN ARMÉNIE ; ÉCHEC SUBI PAR LA MILICE ARMÉNIENNE.

L'année suivante, les Arabes, après avoir réuni une armée fort considérable, marchèrent contre la Perse, gouvernée à cette époque par Yezdéjerd (III) ou Hazkerte, petit-fils de Khosroès. Yezdéjerd, à la tête de ses troupes, les arrêta quelque temps, mais sans remporter aucun avantage ; enfin, son armée fut mise en pièces, et lui-même tomba mort en combattant. Ainsi finit le royaume de Perse, après une durée de 481 ans[1]. Les Arabes s'emparèrent du trésor public, et pillèrent ce pays ; puis une partie d'entre eux retourna dans ses foyers chargée de butin ; mais la masse de l'armée passa de la Perse en Armé-

---

[1] C'est un calcul complétement faux, puisqu'il ne peut pas être appliqué à la race des Arsacides, ni à celle des Sassanides séparément, ni à toutes les deux à la fois. On sait qu'Arsace fonda le royaume de Perse 256 ans avant J.-C., et sa dynastie régna jusqu'en l'an 226 de l'ère chrétienne, époque où elle fut détrônée par Sassan. Les Sassanides régnèrent jusqu'en 651, époque où la Perse devint une province de l'empire des Arabes.

nie. Les villages habités par les Mars[1], le canton de Goghthen[2], la ville de Nakhitshévan[3], tombèrent en leurs mains et furent livrées au pillage; une grande partie des habitants furent massacrés; le reste, avec leurs femmes et leurs enfants, fut emmené en captivité. Les Arabes traversèrent ensuite le fleuve Araxe au gué de Djougha[4]. Là, ils se partagèrent en deux colonnes : l'une se chargea de conduire les captifs en Arabie, l'autre poursuivit dans le canton d'Artaz sa course dévastatrice. De là, elle passa dans le canton de Gog-Hovit, dans le voisinage de Bazoudzor et de Mardoutzaitz, où se trouvait campé Procope, gouverneur général de l'Arménie pour l'empire grec. Le prince Théodore de Rechtouni, instruit de l'irruption des Arabes, en fit part au général Procope; mais celui-ci, comptant plutôt sur le grand nombre de ses troupes que sur le Dieu des armées, ne s'émut point

[1] Descendants des anciens Mèdes transportés en Arménie au nombre de 10,000 par le souverain arménien Tigrane I, après la destruction de leur empire par Cyrus, 550 ans avant J.-C. (Moïse de Khorène. *Histoire de l'Arménie*, l. 1er, ch. XXX.)

[2] Le foyer de la poésie arménienne. C'est un territoire important, même aujourd'hui, par ses vins, ses fruits, sa soie et son commerce. Les chefs-lieux de ce canton sont actuellement Ordou-bate, et Agoulis dans l'Arménie russe.

[3] La plus ancienne ville de l'Arménie et peut-être du monde entier, fondée, d'après la tradition des indigènes, par Noé, et où se trouve son tombeau, vénéré pas les Arméniens aussi bien que par les Mahométans. Le nom arménien, ou plutôt persan, *Dasta-Kert*, sous lequel est connue cette ville, signifie *demeure de plaisance* ou *villa*.

[4] Ville jadis très commerçante et très industrieuse, dépeuplée et complétement ruinée au commencement du dix-septième siècle, par Shah-Abbas le Grand. Les Arméniens de l'ancienne Djougha repeuplèrent plus tard la nouvelle Djongha ou Djoulfa, faubourg d'Ispahan, et se répandirent dans les Indes orientales, en Hollande, en Angleterre, en Italie, en France et en Russie. L'illustre famille arménienne des comtes de Lazareff, qui, établie depuis plus de un siècle à Moscou, s'est immortalisée par la fondation des églises arméniennes dans les deux capitales de la Russie, du Lycée des langues orientales pour l'instruction de la jeunesse de sa nation et d'une imprimerie, et qui se distingue toujours par d'innombrables marques de bienfaisance et sa vive sympathie pour la nation arménienne, est émigrée aussi de Djougha.

de cette nouvelle. Théodore, irrité de la perte de ce pays et de la nonchalance du général grec, perdit patience, et se présenta une seconde et une troisième fois devant Procope pour l'exhorter à l'action ; mais Procope, loin d'être touché de ses représentations, se mit en colère, et lui jeta par derrière le bâton qu'il tenait dans sa main.

Théodore, indigné, quitta l'audience, et, sur-le-champ, s'adressant à la milice qu'il commandait en personne : « Aux armes ! s'écria-t-il, nous marcherons nous-mêmes à la rencontre des Ismaélites. » Aussitôt ses soldats se mirent en route. Arrivés à Saraken, appelé aussi Frères, ils s'y embusquèrent et barrèrent le défilé. Ils y tuèrent un grand nombre d'ennemis, et, chargés de butin, ils se dirigèrent vers le territoire de Garni[1], abandonnant le gouverneur grec.

Alors Procope lui-même donna l'ordre à son armée de se porter à la rencontre des Arabes ; mais dans un premier combat les Grecs perdirent plus de la moitié de leurs troupes, et le reste, mis en fuite, fut poursuivi jusqu'au delà de leur camp ; puis les Arabes retournèrent dans leur propre camp pour prendre du repos. Le nombre des Grecs montait, dit-on, à plus de 60,000 hommes ; celui des Arabes ne dépassait pas 10,000. Après avoir pillé le camp des Grecs le jour suivant, ils rentrèrent dans leurs foyers.

Cette première invasion eut lieu la 22ᵉ année de l'hégire (644-645). Pendant trois ans les Arabes n'attaquèrent plus l'Arménie ; mais en 647 ils y firent une nouvelle et formidable invasion.

---

[1] Ce territoire porte encore le même nom, au nord-est de la ville d'Erivan, dans l'Arménie russe.

CHAPITRE III.

SECONDE ET TROISIÈME INVASION DES ARABES EN ARMÉNIE.

La seconde année du règne de Constantin, empereur d'Orient et petit-fils d'Héraclius, Théodore[1] fut averti d'une nouvelle attaque entreprise par les Arabes contre l'Arménie. A la tête de ses troupes, il se porta en avant pour occuper les défilés de la route de Dzoraya[2]; mais il ne put réussir dans cette entreprise. L'ennemi, aussi léger qu'un serpent-volant, pénétra dans l'intérieur du pays, laissant derrière lui les troupes arméniennes, et se dirigea vers Devin[3], la

[1] Le prince Théodore descendait de la famille princière de Rechtouni, branche de la grande famille de Sissakian, toute arménienne, et confirmée dans la dignité de nakharars par Vagharchak, fondateur de la dynastie arsacide en Arménie, 148 ans avant J.-C. Barzapran, Zora, Méhendac et Théodore, par les services éminents qu'ils rendirent à l'Arménie et par leurs talents militaires sont devenus la gloire de cette famille. (Moïse de Khorène. *Histoire de l'Arménie*, l. II, ch. VIII.)

[2] Le mot *Dzor* signifie vallée, passage étroit au milieu des montagnes; du reste, j'ai pris ici ce mot comme un nom propre, suivant l'orthographe de mon texte.

[3] Devin ou Devine, qui dans la langue persane signifie monticule ou colline, était l'une des plus grandes villes de l'Arménie dans les temps anciens. Son fondateur fut Khosrov II, roi arsacide de l'Arménie, au commencement du quatrième siècle de l'ère chrétienne. On ne voit plus à présent de cette ville que quelques ruines non loin d'Erivan, sur le chemin qui conduit de cette ville à Nakhitshévan, dans l'Arménie russe. Devin, devenue capitale d'Arménie sous Khosrov ou Khoroès II, continua de l'être sous la domination des Arabes. Vers le milieu du septième siècle (647), à l'époque où elle tomba au pouvoir des Arabes, on y comptait quelques dizaines de milliers d'habitants, dont 12,000 furent massacrés, et 35,000 condamnés à l'esclavage. A la fin du neuvième siècle, d'après le témoignage du catholicos arménien Hohannès ou Jean VI, auteur d'un excellent ouvrage historique, 70,000 de ses habitants périrent dans un tremblement de terre. Procope, dans ses *Guerres persanes*, t. II, p. 25. Cédrin, *Epître* 765, et Constantin, empereur d'Orient, dans ses *Livre de gouvernement*, ch. XLIV, font aussi mention de cette ville.

capitale, qu'il trouva remplie de femmes et d'enfants, et d'une foule immense de gens tout à fait étrangers au métier des armes, car les guerriers étaient tous au camp de Théodore. La ville, bientôt cernée, fut prise d'assaut, les hommes passés au fil de l'épée, les femmes et les enfants, au nombre de 35,000, conduits en captivité.

Qui pourrait assez déplorer ces affreux malheurs! Les sanctuaires, dont l'entrée était interdite aux païens[1], démolis par eux et foulés aux pieds; les prêtres, les diacres et les acolytes exterminés par le fer d'un ennemi impie et cruel, gisant dans leur sang; des femmes délicates et de haute naissance insultées, maltraitées et traînées sur les places publiques en poussant des cris terribles; des jeunes filles, de jeunes garçons menés en captivité, forcés d'abjurer leur foi en Jésus-Christ : tout cela présentait un spectacle affreux! Partout des périls immenses! partout des cadavres entassés les uns sur les autres et couverts de sang, sur lesquels on pleurait, mais qu'on ne suffisait pas à ensevelir! On se rappelle en entendant ce récit la plainte du prophète : « O Dieu! les païens (nations) sont entrés dans ton héritage! ils ont profané la demeure de ta sainteté... ils ont donné les corps morts de tes serviteurs pour viande aux oiseaux des cieux, et la chair de tes bien-aimés aux bêtes de la terre... et il n'y a eu personne qui les ensevelît[2]. » Toutes ces calamités dont la Palestine fut affligée au-

---

[1] Par cette épithète, notre auteur désigne sans doute les Musulmans, et il se trompe complétement en les croyant païens : on ne voit dans leur religion aucune trace de paganisme. Cette erreur est pardonnable, vu l'ignorance des temps.

[2] Psaume LXXIX, 1-3. Le traducteur, dans les citations de la Bible, au lieu de traduire l'original arménien, a préféré suivre le texte français de la version de Martin.

trefois ne rappellent que trop fidèlement, hélas! les maux qui nous ont frappés récemment.

Théodore, les autres nakharars [1], et leurs soldats découragés par cette terrible irruption, et ne pouvant d'ailleurs, vu leur petit nombre, y opposer aucune résistance, évitèrent toute rencontre avec l'ennemi, et ne purent que gémir sur leurs femmes et leurs enfants menés en captivité. Les Arabes conduisirent les captifs en Syrie, et pendant les dix années qui suivirent ils ne songèrent plus à inquiéter l'Arménie.

Mais l'an 36 de l'hégire, sous le commandement d'Othman et d'Ocba, ils y firent une nouvelle invasion. Arrivés à la frontière, ils se divisèrent en trois colonnes et commencèrent l'attaque. L'une de ces

---

[1] J'ai conservé le mot arménien *nakharar*, que quelques traducteurs ont rendu par *préfet* ou *satrape*, expressions désignant, chez les écrivains grecs et romains, les grands fonctionnaires et les principaux dignitaires de l'empire persan, et qui ne répondent nullement à la dignité du nakharar ; car chez les anciens Persans, la dignité de *satrape* n'était qu'une faveur temporaire que le grand roi accordait à des personnes qui avaient rendu quelque service à l'État; cette dignité, toute personnelle, ne descendait pas ou du moins rarement, aux enfants de celui qui l'avait méritée ; au contraire, la dignité du *nakharar* ou chef de tribu en Arménie n'était ni passagère, ni personnelle; elle n'était même pas une faveur du souverain, sauf dans quelques cas isolés. Les nakharars étaient les chefs de certaines tribus émigrées en Arménie, qui y avaient été naturalisées mais formaient encore comme de petits états dans l'État. La majorité des *nakharars* arméniens se composait d'étrangers émigrés sur le sol arménien : par exemple, les *nakharars* de Bagratouni étaient des Hébreux venus en Arménie 600 ans avant l'ère chrétienne ; les *nakharars* d'Ardzerouni, des Assyriens; ceux de Mamikon, des Chinois ; ceux d'Amatouni, des Persans, etc. Cette corporation représentait le parti aristocratique et anti-monarchique dans ce pays. Le nakhararat était héréditaire et descendait généralement de père en fils d'après le droit d'aînesse, et quelquefois au plus ancien de la famille; chaque nakharar possédait en Arménie des terrains plus ou moins étendus; il avait ses clients ou sujets, sa milice, son tribunal. La force de deux ou trois nakharars réunie balançait souvent celle du monarque du pays. Ils faisaient même de temps à autre des guerres entre eux ou contre des étrangers sans avoir la permission du roi; et quelques-uns d'entre eux disposaient de telles forces, principalement ceux d'Aghtzenik, de Gougark, d'Aghvank, etc., qu'ils furent regardés par des écrivains grecs et romains comme de petits souverains.

colonnes se porta dans le district de Vaspourakan, et s'empara des bourgs et des places fortifiées jusqu'à la ville de Nakhitshévan; l'autre pénétra dans le district de Taron [1]; tandis que la troisième, s'avançant à marches forcées dans le canton de Gog-Hovit, pénétra jusqu'à Ardzape, place fortifiée. Les Arabes ayant découvert l'entrée dans la citadelle, s'y glissèrent furtivement à la faveur de la nuit, et trouvant la garnison endormie, ils s'emparèrent de la place et firent les soldats prisonniers. Ensuite ils s'abandonnèrent avec une parfaite insouciance à d'abominables débauches, et outragèrent les femmes. Dieu, qui voit tout, et qui n'abandonne jamais les fidèles qui croient en son nom, eut pitié d'elles, et, pour punir ces misérables, il envoya Théodore, qui, à la tête de 600 guerriers bien armés, se précipita avec la rapidité de l'aigle sur la horde ennemie, l'attaqua avec impétuosité et tailla en pièces environ 3,000 hommes; puis il délivra les captifs, forçant les misérables débris de l'ennemi à prendre la fuite. Ainsi, chargés de dépouilles et de butin, les Arméniens rentrèrent dans leurs foyers, rendant grâce à Dieu qui les avait vengés de leurs ennemis. Quant aux autres colonnes de l'armée arabe, elles rentrèrent avec des captifs et du butin en Syrie, où elles passèrent deux ans en repos.

Les califes Abou-Béker [2], Omar et Othman moururent peu de temps après.

---

[1] Aujourd'hui le pachalik de Mouche, dépendant du général gouverneur d'Erzeroum.

[2] Abou-Béker (dont le véritable nom était Abdallah-ebn-Abou-Kahaffa), beau-frère de Mahomet, mourut en 634. Omar en 643, et Othman en 655. Notre auteur ne fait ici aucune mention ni d'Ali, ni de Hassan, son fils, dont l'un fut assassiné et l'autre abdiqua le califat en 661 en faveur de Moavias.

CHAPITRE IV.

CALIFAT DE MOAVIAS[1], QUI DURA DIX-NEUF ANS ET QUATRE MOIS. SA MORT; LE PRINCE GRÉGOIRE EST NOMMÉ PAR LUI COMMANDANT DE L'ARMÉNIE, SOUMISE SOUS MOAVIAS AU JOUG DES ARABES; ÉVÉNEMENTS QUI Y ONT LIEU A CETTE ÉPOQUE.

Le nouveau souverain des Arabes[2], dans la première année de son règne (c'était la 25ᵉ du règne de Constantin, empereur d'Orient, petit-fils d'Héraclius), s'occupa spécialement d'organiser une armée pour la conquête de l'Arménie. L'empereur Constantin, instruit de ces préparatifs, envoya au gouverneur général de Cilicie l'ordre de marcher à sa rencontre. Il destitua Théodore à cause de la perfidie dont il avait usé envers le général Procope, et mit à sa place un certain Sembath de Bagratouni[3], à qui il ordonna

---

[1] Moavias ou Mohaviah est le premier calife de la dynastie des Ommiades. Il monta sur le trône après la mort tragique d'Ali, en 661, et mourut en 680.

[2] L'auteur de cet ouvrage désigne sous des noms différents l'ensemble des peuples qui avaient embrassé la religion prêchée par Mahomet, et qui composaient l'immense empire toujours croissant des Musulmans; par exemple, tantôt il les appelle *Ismaélites*, du nom d'Ismaël, fils d'Abraham, considéré comme le patriarche des Arabes; tantôt *Agariens*, du nom d'Agar, esclave égyptienne devenue femme d'Abraham et mère d'Ismaël (Gen. XVI); tantôt *Sarrazins*, nom dérivé de l'arabe *sarix*, désert, pauvreté; tantôt *Tadjics*, du nom d'une province de l'Arabie; tantôt *Madianites*, du nom d'un peuple qui habitait la terre de Madian, au sud-est de la Judée. Mais ce qui est vrai, c'est que ces flots de conquérants fanatiques et pleins de l'enthousiasme de la nouvelle religion, qui dévastèrent et assujettirent pendant dix siècles l'Asie, l'Afrique et l'Europe, ne se composaient pas seulement des éléments arabes, mais aussi d'Égyptiens, de Persans, de Syriens, d'Africains, de Turcs et d'autres peuples encore.

[3] Colonie juive, transplantée en Arménie sous le règne de Hratsné, 600 ans environ avant J.-C. Le chef de cette colonie était un certain

d'accompagner le général en chef (de Cilicie) dans son expédition. Il avait écrit en même temps à Théodore de Rechtouni pour lui prescrire de renforcer de ses troupes l'armée expéditionnaire; et sur son refus, il lui répéta le même ordre avec menace d'être, en cas de nouveau refus, exterminé avec sa race à son retour en Arménie. Contraint par cette menace, Théodore ordonna à contre-cœur à son fils Vard d'accompagner le prince Sembath; mais il lui recommanda d'abandonner les Grecs dans un moment favorable et de faire cause commune avec l'ennemi.

Lorsque Vard eut rejoint le général grec, l'armée se mit en marche; elle traversa l'Euphrate et pénétra en Syrie. La garde du pont de bateaux (construit sur l'Euphrate) fut confiée au fils de Théodore, sur sa demande, par ordre du général en chef. Le jour solennel du samedi de Pâques, les deux armées en vinrent aux mains et une sanglante bataille fut livrée. La perte fut d'abord grande de part et d'autre; mais les Arabes revinrent à la mêlée avec plus d'ardeur; la victoire se déclara pour eux, et l'armée grecque battit en retraite. Alors Vard, fils de Théodore, enhardi par le succès des Ismaélites, passa sur le bord opposé du fleuve et coupa les cordes qui tenaient le pont de bateaux. L'armée grecque, assaillie de tous les côtés,

Shambath ou Sembath, emmené captif par Nabuchodonosor, de Judée en Assyrie, et qui, sur la demande de Hratshé, lui fut donné comme présent, et par les éminents services qu'il rendit au pays, non-seulement fut honoré de la dignité de nakharar, mais reçut, pour lui et pour ses descendants, le privilége de mettre le diadème sur la tête de chaque nouveau souverain de l'Arménie à la cérémonie du couronnement. La dignité de ministre de la guerre et de général en chef des forces militaires de l'Arménie fut aussi conservée longtemps au sein de cette famille. (Moïse de Khorène. *Histoire de l'Arménie*, l. Ier, ch. XXII. Aux neuvième et dixième siècles de notre ère, cette famille, sous son nom de Bagratouni, régna en Arménie, dont la capitale était alors Ani.

périt dans les flots; à peine un petit nombre parvint-il à regagner le sol de l'empire grec. Convaincu dès lors que c'était le Seigneur qui abaissait sa puissance, l'empereur fut fort découragé et prit la ferme résolution de ne plus attaquer les Ismaélites. Quant au calife, il envoya en Arménie un message portant que si les habitants ne voulaient pas se soumettre à sa domination et s'engager à lui payer le tribut, ils seraient tous exterminés.

A cette occasion une assemblée nationale fut convoquée où prirent part Nerses, catholicos de l'Arménie, fondateur de l'église [1] dédiée à saint Grégoire (l'Illuminateur), ainsi que des princes et des nakharars du pays. Dans cette assemblée on décida de se soumettre au despotisme des Ismaélites, et d'envoyer en otages, conformément à la demande de Moavias, les deux nakharars arméniens, Grégoire de Mamicon [2] et Sembath de Bagratouni. Lorsque ceux-ci eurent été amenés à Moavias, il fut réglé que l'Arménie lui payerait annuellement 500 deniers (en argent), et qu'elle jouirait dans toute son étendue d'une entière sécurité.

Dans la seconde année de son règne, Moavias revêtit le prince Grégoire, qui se trouvait comme otage avec Sembath à la porte royale (c'est-à-dire à la cour),

---

[1] L'une des plus célèbres églises de l'Arménie. Elle fut détruite par un tremblement de terre; on en voit encore les ruines près d'Etshmiadzin.

[2] Famille princière chinoise émigrée en Arménie au troisième siècle de notre ère. Cette famille, établie dans le district de Touroubéran, aujourd'hui pachalik de Mouche, dans l'Arménie turque, avait rendu d'immenses services à la nation arménienne par sa bravoure, par son dévouement à la couronne et par sa ferveur chrétienne. Le chef de cette famille portant le nom de Mamgon, tous ses descendants furent appelés Mamgonian ou Mamiconian. (Moïse de Khorène, *Histoire de l'Arménie*, l. II, ch. LXXXI.) Une branche de cette famille se trouve à présent dans la famille princière de *Thoumanof*, à Tiflis; l'autre dans une tribu kurde appelée *Mameghi*, aux environs de Mouche.

du titre de gouverneur général de l'Arménie. Après les avoir tous deux comblés de présents et d'honneurs, il les congédia. Tant que Moavias régna, le pays jouit d'une profonde paix. Il eut pour successeur son fils Yézid, qui mourut après un règne de deux ans et cinq mois. Il préleva en Arménie les mêmes contributions que son père.

Après sa mort, le califat passa et demeura pendant vingt et un ans dans les mains d'Abdel-Malek [1], fils de Mervan, homme cruel et guerrier intrépide. La seconde année de son règne fut signalée par d'horribles troubles dans le sein de l'Islamisme, par de sanglantes guerres civiles, qui, pendant trois années, ne firent que s'accroître. Le nombre des victimes fut immense ; de sorte que la prophétie de David fut accomplie (à leur égard) : « Leur épée entrera dans leur cœur, et leurs arcs seront brisés [2]. » C'est ainsi que Dieu vengea sur eux la mort de ses serviteurs qu'ils avaient massacrés.

Quant à Grégoire, qui avait été nommé gouverneur général de l'Arménie, il parvint à y rétablir une parfaite sécurité, et la défendit constamment contre toute sorte d'agressions, de violences et d'empiétements. Pénétré de la crainte de Dieu il se distingua par sa philanthropie, par son hospitalité, par sa charité pour les pauvres ; et enfin, dans l'ardeur de sa piété et de sa foi chrétienne, il fit construire dans le bourg d'Aroudj, canton d'Aragatzoten [3], à ses propres

---

[1] Ou Abd-al-Mélek, dixième calife ou souverain après Mahomet, et cinquième de la dynastie des Ommiades, monta sur le trône en 684, la 65e année de l'ère mahométane, et régna jusqu'en 705.

[2] Psaume XXXVII, 15.

[3] Cette montagne s'appelle actuellement chez les Arméniens *Aragatz*, chez les Turks *Alaguiuz*. Elle se trouve entre Erivan et Alexandropol,

frais et pour perpétuer la mémoire de son nom, un temple superbe, orné d'une manière élégante et splendide, afin d'y glorifier le nom du Seigneur.

Après avoir subi pendant trente ans le joug des Arabes, profitant d'un moment où les troubles augmentaient de jour en jour dans le sein de l'Islamisme, l'Arménie, la Géorgie et l'Albanie[1] déployèrent le drapeau de l'insurrection. Cette insurrection dura trois années; dans la quatrième, les Khasirs, peuple du nord du Caucase, firent une irruption en Arménie, et tuèrent dans une bataille les princes arméniens, géorgiens et albanais, avec une foule d'autres nakharars. Puis les Khasirs envahirent plusieurs provinces de l'Arménie, et, après avoir pillé tout le pays, ils s'en retournèrent avec un grand butin et une foule de captifs.

CHAPITRE V.

ASHOTT INVESTI DU GOUVERNEMENT DE L'ARMÉNIE; SA MORT. DESTRUCTION DE HOROMOTZ[2] PAR UN INCENDIE. BATAILLE DE MARAIS. INSURRECTION DES ARMÉNIENS. BATAILLE DE VARDANA-KERT ET VICTOIRE DES ARMÉNIENS SUR LES ARABES; FIN DE L'INSURRECTION.

La mort de Grégoire éleva au gouvernement de l'Arménie Ashott de Bagratouni, illustre patrice, per-

villes de l'Arménie russe, vis-à-vis et au nord du mont Ararat ou Macis des Arméniens.

[1] Les Albaniens ou Aghvanks, suivant les historiens arméniens, sont d'origine arménienne.

[2] Horomotz, qui signifie ville ou village, peuplé par des Romains-Grecs, se trouvait dans le canton de Chirak, département d'Ararat.

sonnage éminent, et le premier entre les principaux nakharars du pays. Ses richesses et sa magnanimité princière égalaient sa vertu. La sage modération de sa vie, sa générosité, sa loyauté, le distinguaient entre tous. Il avait la crainte de Dieu, et il était zélé pour toutes sortes de bonnes œuvres. Il cultivait aussi soigneusement et avec fruit l'étude des sciences et des lettres. Par ses soins, les Églises de Dieu furent pourvues de chaires d'éloquence, d'écoles théologiques et d'un clergé nombreux. Il fit construire sur sa caisse particulière, à Dariuns[1], sa résidence, la cathédrale d'Aménaperkitch[2], dédiée au miraculeux tableau de l'incarnation de Jésus-Christ, qu'il avait apporté d'Occident[3], et qu'il déposa dans cette église après l'avoir richement ornée. La première année du gouvernement d'Ashott fut signalée par l'apparition d'une comète d'énorme grandeur, qui laissait sur son passage des traces de lumière rayonnante. Ce phénomène fut regardé comme un signe de famine, d'effusion de sang et de calamités extraordinaires.

Sous le gouvernement d'Ashott, une armée imposante, envoyée par l'empereur Justinien dans la seconde année de son règne, envahit l'Arménie, et après avoir dévasté ce pays, incendié et détruit beaucoup de superbes monuments, elle retourna chargée de butin. Ce même Justinien s'attira la haine de l'aristocratie grecque, qui, après lui avoir coupé le nez, l'exila, et mit successivement à sa place sur le trône

---

[1] Actuellement Bajazid ou plus correctement Baizid, petite ville dans l'Arménie turque, non loin du mont d'Ararat.

[2] Le mot arménien signifie « Sauveur de tous les hommes. »

[3] On conserve encore ce tableau dans la basilique d'Ethsmiadzin. Il représente, non l'incarnation du Christ, mais sa descente de la croix ; et d'après une ancienne tradition il aurait été exécuté sur un bois incorruptible par Luc l'évangéliste.

impérial, Léonce, Apsimare, Tibère et Théodose[1]. Justinien se rendit dans le pays des Khasirs, et parvint à épouser la famille du Khaquan ou souverain de ce pays. Sur ses prières, on lui accorda un corps considérable de troupes auxiliaires, commandé par Trouhegh, son beau-frère, homme doué d'une force extraordinaire. Arrivé près de Constantinople, Trouhegh trouva la mort en combattant; mais Justinien vainquit ses adversaires et se rétablit sur le trône; puis il renvoya dans leurs foyers les Khazirs comblés d'innombrables marques de distinction et de précieux présents.

Ashott, dans la quatrième année de son gouvernement, vit une nouvelle invasion des enfants d'Ismaël en Arménie. Ces scélérats, ces enfants du crime, s'étant répandus dans les bourgs de Kheram, habités par les Mars, dans ceux de Djougha et dans le canton de Khochacouni, commirent des iniquités de toutes sortes, violant les femmes et extorquant de fortes sommes à force de tourments. Le prince Ashott, instruit de ces actes d'iniquités, donna sur-le champ à ses troupes l'ordre de marcher en toute hâte contre ces hordes. Les Arméniens battirent complétement ces Arabes, dont une partie échappa et ne dut son salut qu'à la fuite. Leur chef, enfant rusé de Satan, se voyant chaudement poursuivi, ordonna à ses soldats de répandre dans la plaine, devant les troupes arméniennes, les trésors qu'ils avaient enlevés de vive

---

[1] Après Justinien II, le trône impérial de Byzance fut occupé, comme on sait, de 695 à 698 par Léonce, et de 698 à 705 par Tibère-Apsimare: par conséquent, c'est par erreur que l'auteur place ici le nom de Théodose, qui ne régna qu'après Anastase II, de 716 à 717: c'est aussi par erreur que d'une seule personne, Tibère-Apsimare, notre auteur en a formé deux en séparant ces deux noms.

force. Les Arméniens, cédant imprudemment à l'attrait du butin, se relâchèrent dans leur poursuite ; Ashott seul, suivi d'une poignée d'hommes, continua encore longtemps à poursuivre l'ennemi ; alors celui-ci se retourna et prit l'offensive. Dans cette mêlée, le prince arménien reçut une blessure ; mais, aux cris poussés par les siens, les troupes qui étaient restées en arrière accoururent sur le théâtre du combat, et passèrent le reste de l'ennemi au fil de l'épée. Ensuite le prince Ashott, dangereusement blessé, fut enlevé par les siens et transporté à Dariuns, sa résidence, où il mourut dans son lit, comblé de gloire ; il fut enterré dans le cimetière de sa famille.

Apsimare, empereur d'Orient, déjà mentionné comme un des successeurs de Justinien, fit conduire de nouveau en Arménie un corps d'armée avec la mission de se saisir de Sembath, fils de Varaztirotz, qui, pour venger la mort de son père, assassiné par les Grecs, avait mutilé des soldats de cette nation. Les deux armées se rencontrèrent aux environs du marais [1] de Païk. Les troupes arméniennes, qui ne comptaient qu'un petit nombre de combattants, subirent une perte très sensible ; les Grecs aussi perdirent beaucoup de monde. Sembath, voyant qu'il lui serait impossible d'opposer une résistance efficace à l'armée grecque, battit en retraite, suivi d'un petit nombre de ses gens. L'armée grecque se retira aussi.

[1] *Mor* d'où dérive *mor-out*, est le mot arménien qui signifie marais, endroits marécageux. De pareils marais abondaient dans les deux départements du Touroubéran et de la Haute-Arménie ; et c'est précisément pour cela qu'on ne peut pas décider quel était le marais près duquel eut lieu l'engagement : toutefois il y a tout lieu de croire, surtout à cause du mot Païk, que c'était quelque endroit dans la haute ou quatrième Armé-
... non loin d'Erzeroum).

Je vais recommencer ici le récit des maux insupportables que nous a fait souffrir la race des Ismaélites. Dans la seizième année de son règne, Abd-al-Malek, excité par Satan, ordonna à son armée d'envahir de nouveau l'Arménie, et en chargea Mahomet, le sanguinaire et le démoniaque, qui jura devant son maître de ne pas remettre son épée dans le fourreau qu'il n'eût pénétré jusqu'au centre du pays. Les habitants qui se trouvaient sur le chemin du féroce envahisseur, jusqu'au canton de Djermadzor[1], furent tous impitoyablement massacrés. Mais un grand nombre, averti des sanguinaires intentions de l'agresseur, s'était réfugié dans les villes fortes. Cependant plusieurs, trompés par les fraudes et rassurés par les vaines promesses de paix de Mahomet, sortirent des places fortifiées, mais ils furent massacrés, et leurs femmes et leurs enfants emmenés en esclavage. Le pays fut livré à de telles souffrances et exposé à tant de périls que ceux qui survivaient enviaient le sort des morts.

Au bout de deux ans Mahomet, parvenu au comble de l'orgueil, vomit le poison fatal qu'il avait préparé contre le couvent de Saint-Grégoire[2]. Eblouis par l'aspect des objets précieux, dons des rois, des princes et des nakharars de l'Arménie, qui étaient renfermés dans cette église; irrités de l'ordre admirable qui régnait dans cette maison, de sa belle discipline et de

---

[1] Djermadzor (vallée chaude) est un des cantons des Mcks (c'est-à-dire des Mages), cinquième département de la grande Arménie; c'est dans ce canton que le Tigre prend sa source. Il s'appelle actuellement Shatakh, probablement du nom de la petite ville de Shatakh dans l'Arménie méridionale ou Kurdistan.

[2] L'un des plus célèbres monastères de l'Arménie, dans les temps anciens, dédié à saint Grégoire l'Illuminateur. Selon Assoghnik, le nombre des victimes fut de quarante. L. III, ch. III.

ses chants d'hymnes angéliques, les infidèles résolurent de la détruire. Un détachement se rendit dans le couvent pour y séjourner quelque temps, et en occupa les logements. Puis, une nuit, ils étranglèrent un de leurs propres domestiques et jetèrent son cadavre dans un des fossés du couvent; et le lendemain, à la pointe du jour, ils se préparèrent à partir. Ils firent semblant de chercher l'esclave qu'ils avaient étranglé et de ne pouvoir d'abord le découvrir; et à ce sujet ils maltraitèrent beaucoup les solitaires. Enfin, redoublant d'efforts, ils parvinrent à le découvrir dans le fossé où eux-mêmes l'avaient jeté. Cette machination frauduleuse et grossière leur suffit pour déclarer les religieux coupables, les mettre en arrestation et les jeter tous en prison, depuis les plus éminents personnages jusqu'aux plus humbles.

Le rapport adressé au sanguinaire Mahomet les accusait faussement de différents crimes envers leurs hôtes et demandait, avec l'autorisation de les mettre à mort, par quel supplice on devait leur ôter la vie. « Punissez-les comme vous voulez, répondit Mahomet, et dépouillez le couvent de tous ses biens. » Les bourreaux s'empressèrent d'exécuter cet inique arrêt de leur père le diable, « qui, dès l'origine du monde fut homicide, et n'a point persévéré dans la vérité [1], » comme nous l'enseigne notre Seigneur. On fit sortir de la prison tous les solitaires, les mains liées et après leur avoir coupé les pieds et les mains, on leur ôta la vie en les suspendant à des potences.

Qui pourrait, sans verser des torrents de larmes, rappeler le souvenir des horreurs commises alors! Il

____

[1] Jean VIII, 44.

tomba ce sanctuaire dont la gloire était si ancienne. Elle cessa la voix des saints cantiques chantés à la gloire de Dieu. Il ne fut plus rendu ce culte spirituel et raisonnable, que des saints offraient avec ferveur à Celui qui seul est pur. Ces lampes qui rendaient la nuit brillante comme le jour, s'éteignirent; l'encens du parfum ne s'éleva plus vers le ciel; on n'y entendit plus les oraisons des prêtres, qui offraient au Créateur l'expiation faite pour les péchés du peuple, et demandaient au Dieu qui aime les hommes de se réconcilier avec eux. L'autel, enfin, fut dépouillé de toutes ses magnificences! Que Jésus-Christ est patient! Pourquoi a-t-il supporté que les infidèles fissent par la calomnie périr cruellement ses adorateurs? Il a voulu, sans doute, par une fin si prompte, leur accorder la vie éternelle; car ceux qui ont participé à ses souffrances participeront aussi à sa gloire. Ceux qui ont été crucifiés avec lui, régneront aussi avec lui; ceux qui sont morts avec lui ressusciteront aussi avec lui, et posséderont éternellement le repos promis; de même que les ouvriers du diable subiront, avec celui-ci, les souffrances amères déjà préparées pour eux, savoir : des ténèbres, du feu, un ver qui ne meurt point, des pleurs et des grincements de dents, et tout cela dans une mesure connue de Celui-là seul qui les a préparées. Telle sera certainement la portion des impies.

Après avoir commis toutes ces horreurs, le général Mahomet retourna en Syrie, chargé d'énormes dépouilles, et laissant les habitants de l'Arménie comme des tisons épars d'un incendie, comme des javelles foulées par les sangliers[1].

[1] Cette phrase n'est pas tout à fait claire dans le texte arménien et me semble incomplète.

En partant il nomma, pour gouverner à sa place, un certain officier d'origine arabe. Celui-ci forma[1] l'atroce dessein d'exterminer la noblesse et la milice arménienne. Promptement instruits de ce projet, Sembath de Bagratouni, avec d'autres nakharars et leur cavalerie, rassemblèrent leurs nobles compatriotes, tous gens de guerre; notamment le prince Ashott, frère de Sembath; son fils, qui s'appelait aussi Sembath; Vard, fils de Théodore, et plusieurs autres, et leur proposèrent de délibérer sur les moyens d'assurer leur sécurité personnelle. Il résolurent de s'expatrier et de passer sur le sol de l'empire grec. Cependant quelques-uns des nakharars du département de Vaspourakan se rendirent dans leur pays, et de là dans le territoire de Marzin, autrement dit, pays d'Arest, où vivait un certain ermite, homme digne, plein de sagesse spirituelle, et d'une vie sainte, auquel ils s'adressèrent pour avoir son avis sur cette affaire. Le solitaire versa beaucoup de larmes et déplora la perte du pays, la destruction des sanctuaires et le dépérissement qu'allait éprouver sa patrie par l'émigration des nakharars; mais ne pouvant leur donner aucun avis décisif, il leur conseilla seulement de prendre toutes les précautions possibles pour se garantir des piéges de l'ennemi; enfin il se mit à prier pour eux, et les remettant à la grâce du Seigneur, il les congédia. Ils côtoyèrent la rive de l'Araxe[2], pas-

---

[1] Probablement d'après les instructions de Mahomet.

[2] L'un des plus grands fleuves de l'Arménie. Il sort des montagnes appelées actuellement par les Turks Ala-Dagh, par les Arméniens *Dzegh-kotz liaren*, c'est-à-dire montagne des Fleurs, aux environs de la petite ville de Mouche; il traverse majestueusement les territoires de Touroubéran, d'Ararat et de Vaspourakan, touche la lisière de Sunik, d'Artzakh et de Paidakaran, et après s'être réuni au fleuve Cyrus ou Kur, se décharge dans la mer Caspienne.

sèrent la lisière d'Ouzas et se rendirent au village d'Ark-Ouri[1]. Une division arabe de 8,000 combattants, stationnée à Nakhitshévan, se mit à les poursuivre à outrance, dans l'intention de les exterminer tous. Se voyant ainsi pressés, ils passèrent l'Araxe et prirent position dans le village de Vardanakert, toujours poursuivis par les Arabes. Puis ils leur envoyèrent ce message : « Nous n'avons aucunement offensé les Arabes pour en être poursuivis de cette manière; notre pays est à leur disposition et nous avons abandonné à leur jouissance nos habitations, nos vignes, nos forêts, nos campagnes. Pourquoi donc les Arabes nous poursuivent-ils ainsi? Qu'ils nous laissent enfin librement nous retirer de notre propre pays. » Mais les Arabes s'obstinèrent et ne voulurent rien entendre; le Seigneur leur endurcissait le cœur pour qu'ils tombassent enfin sous le fer.

Le détachement arménien se mit donc à fortifier le bourg en élevant des barricades; ils établirent sur les points importants des gardes jusqu'à l'aube du jour suivant, et ils passèrent toute la nuit en prières ardentes, demandant au Seigneur de toute la terre l'assistance de son bras tout-puissant et son juste jugement entre eux et leurs ennemis. L'aurore parut et mit fin à la prière; on célébra immédiatement la communion, et ceux qui en étaient dignes reçurent le corps et le sang du Seigneur, en l'acceptant chacun

[1] Bourg situé au pied du mont Ararat. Il fut entièrement détruit par un tremblement de terre en 1840, et enseveli avec trois mille habitants sous des blocs et des sables détachés du mont. La tradition la plus accréditée chez tous les Arméniens dit que c'est dans cet endroit que Noé, sortant de l'arche après le déluge, se rendit d'abord et planta des ceps de vignes. Cette légende a pour elle l'étymologie même du mot arménien d'Ark-Ouri, qui veut dire : « Il planta le cep. »

comme son viatique; puis on distribua à tous une
nourriture très légère, et aussitôt après, chacun ayant
regagné son poste et sa compagnie, ils se rangèrent
en ordre de bataille et l'engagement commença. Le
détachement arménien, très inférieur en nombre, puisqu'il ne comptait pas même 2,000 hommes, fit néanmoins, par l'aide tout-puissant de la Providence, un
grand carnage. La saison était alors très rigoureuse,
le froid glacial empêcha les Arabes de faire preuve
de leur mâle bravoure. Ayant passé toute la nuit sur
la neige, ils tombèrent sous le fer au point du jour, et
ceux qui échappèrent à l'épée furent engloutis dans
les flots de l'Araxe; car la glace qui le couvrait alors
ne pouvant soutenir le poids de la multitude des
fuyards céda sous eux et les engloutit tous, sauf un
misérable débris d'à peine 300 hommes qui parvinrent, quoique blessés, dépouillés, sans montures et
pieds nus, à gagner la résidence de la princesse Shoushane [1] et se mirent sous sa protection. Sembath, fils
d'Ashott, qui les poursuivait avec son détachement,
voulait les passer tous au fil de l'épée; mais cédant
aux instantes sollicitations de la princesse, qui était
venue à sa rencontre, il se retira en leur accordant la
vie. La princesse prodigua ses soins aux blessés, les
guérit, leur fournit des habits, des chaussures, puis
des bêtes de somme de ses haras, et les renvoya à
Abdal-Mélek [2], souverain des Musulmans, qui lui en

[1] La princesse Shoushane appartenait à la maison princière de Sunik,
neuvième département de la grande Arménie à la fin du septième siècle.
Elle résidait elle-même dans le fort d'Eremdjak, non loin de Nachitshévan,
et était fort renommée pour sa charité envers tout ce qui était digne de
pitié et de compassion.

[2] Dont le règne dura de 684 à 705 de notre ère, ou de 65 à 86 de
l'hégire.

témoigna sa reconnaissance profonde et lui fit beaucoup de présents. Quant à notre petite troupe arménienne, rassasiée de butin, elle envoya à Byzance une ambassade chargée d'annoncer à l'empereur l'heureuse nouvelle de cette victoire, et de lui offrir pour présents d'excellents chevaux arabes et les nez des ennemis tombés dans la bataille.

L'empereur en recevant ces présents rendit grâce à la Providence, et témoigna sa reconnaissance à Sembath, ainsi qu'aux nakharars et à la cavalerie qu'il commandait, et lui accorda le titre de curopalate, à la manière des anciens empereurs[1]. Revêtu de cette dignité, Sembath se rendit avec les siens dans le territoire de Taïk [2], où il s'établit à Thoukhark, place fortifiée, se mettant à l'abri des représailles des enfants du désert. A cette époque, les Arabes tentèrent une autre attaque contre la milice installée dans le territoire de Vaspourakan. Ils s'avancèrent à marches forcées jusqu'au village de Kougank, dans le canton de Rechtenouni ; là ils se trouvèrent en présence de la milice du pays, et, comme elle était très faible en nombre, ils l'attaquèrent avec impétuosité. Cette faible troupe, soutenue cette fois encore par la prompte assistance du Dieu miséricordieux, les battit complétement : tous furent passés au fil de l'épée, sauf

[1] Au milieu du quatrième siècle de notre ère l'Arménie fut partagée entre l'empire d'Orient et celui des Perses. Depuis cette époque, les gouverneurs généraux envoyés par la cour de Byzance portaient le titre de *Duc* ou de *Curopalate*, et ceux de la partie persane se nommaient *Marspan*. A l'époque de la domination des Arabes les émirs ou gouverneurs généraux envoyés par la cour de Damas ou de Baghdad s'appelaient *l'ostican*.

[2] Quatorzième département de la grande Arménie, dont les chefs-lieux sont actuellement Arthevin, Artanoudj, etc. M. Brosset jeune, dans sa *Chronique géorgienne*, p. 144, appelle ce pays *Tas*, et y place *Thornne*. *Arsian* et *Themaqrei*, villes anciennes qui n'existent plus de nos jours.

280 personnes qui échappèrent par la fuite et se réfugièrent dans l'église [1]. Tous les moyens employés pour s'emparer d'eux échouèrent. Les assiégeants résolurent alors de mettre le feu à l'église ; mais Sembath, fils du prince Ashott, gouverneur du territoire de Vaspourakan, s'opposa à une pareille intention et leur défendit de commettre ce péché. « Loin de nous, leur dit-il, la pensée de détruire la demeure de gloire du Seigneur qui nous a accordé une telle victoire. » On établit donc autour du sanctuaire un corps de garde pour veiller sur eux, jusqu'à ce qu'ils fussent contraints de sortir eux-mêmes de l'église. Après un temps très court, le chef des Arabes pria les Arméniens de lui accorder une sauvegarde pour sa sécurité personnelle ; il sortit alors de l'église et adressa à la milice arménienne les paroles suivantes : « Nous avons entendu dire que les populations chrétiennes sont charitables, qu'elles sympathisent avec ceux qui sont plongés dans le malheur et qu'elles ont pitié d'eux ; ayez donc pitié de nous : accordez-nous la vie comme grâce et prenez tout ce que nous possédons. » Le général Sembath lui répondit : « Il est vrai que notre Seigneur nous enseigne de faire miséricorde, mais c'est aux gens miséricordieux [2] ; tandis que vous autres, qui êtes une race impitoyable, vous ne méritez point de pitié, et nous n'en aurons jamais pour vous. » L'Arabe répliqua : « Accordez-moi la vie, à moi seul, du moins, et je livrerai tout le reste entre vos mains. » Alors on lui promit de ne pas le tuer. Rentré dans l'église il dit donc aux siens : « Il nous est inutile de rester renfermés ici plus longtemps, car

___
[1] Probablement du village.

je les ai trouvés fort inhumains envers nous; ainsi
donc sortons d'ici et rendons-nous à eux; s'ils nous
mettent à mort, mourons, convaincus que nous pos-
séderons le paradis qui nous a été promis par Mahomet, notre législateur; et s'ils nous accordent la
vie, tant mieux pour nous. » Les assiégés ranimés
par ces paroles sortirent tous de l'église, et ils tombèrent aussitôt sous le fer. Quant au chef, à qui
on avait promis de ne le pas tuer, il fut précipité vivant au fond de la mer [1]! Ensuite on partagea les dépouilles des morts, et chacun s'en retourna dans sa
demeure.

Abdal-Mélek, souverain des Arabes, instruit du
désastre des siens, fit venir auprès de lui Mahomet,
son général en chef, et lui ordonna de se mettre à la
tête d'une armée formidable et de soumettre l'Arménie par le fer et l'esclavage. Mahomet s'empressa donc
d'organiser le plus tôt possible une armée imposante,
laissant voir en outre, par ses menaces, qu'il était
disposé à exécuter ponctuellement l'ordre reçu. A
peine la nouvelle de ces formidables préparatifs fut-
elle connue en Arménie, que les nakharars, afin de
conjurer sa fureur, choisirent une députation composée d'Isaac, catholicos [2] d'Arménie, et de quelques
prélats, chargée de se rendre à la rencontre de l'ar-

----

[1] C'est-à-dire du lac de Van en Arménie, le plus grand lac de la contrée. Dans les époques les plus reculées, il s'appelait chez les Arméniens :
« mer de Bcznouni, » du nom de Baz, chef de cette famille (Moyse de
Khor. *Hist. de l'Arm.* l. I. ch. 12); et quelquefois « mer de Vaspouracan »
(*Byzand.* l. III. ch. X). Quant aux écrivains étrangers, ils l'appelaient
« lac d'Arsis. »

[2] Le nom de *catholicos* est le titre du chef suprême de l'Église arménienne, autrement dite, Église de saint Grégoire l'Illuminateur, qui en fut
l'apôtre. Le catholicos arménien réside ordinairement au couvent d'Etch-
miadzin dans la grande Arménie, province qui, avec Erivan sa capital,
tomba en 1828 sous la domination russe.

méo arabe, d'offrir au général ou chef leur soumission, et de demander la paix. Au moment de son départ, Isaac fit ses adieux à tout le monde, qui s'empressa de venir à lui pour lui baiser les mains; il bénit le troupeau confié à ses soins, ainsi que les autres évêques, et les recommanda à la grâce du Seigneur.

Après un long voyage il arriva enfin à Harran[1], où il tomba malade, et avant que Mahomet y fût arrivé il mourut. Dans le testament qu'il fit, il adressa ses dernières paroles au généralissime arabe en ces termes : « Conformément au désir de ma nation, j'ai accepté la mission de venir à ta rencontre et de t'expliquer mes sentiments et ce que les nakharars et la population de l'Arménie réunis réclament de toi. Mais le Dispensateur de la vie humaine me rappelle à la hâte auprès de lui, sans que j'aie pu te voir et te parler de bouche. Or, je te conjure par le Dieu vivant, et je te rappelle l'alliance de Dieu faite avec Ismaël votre aïeul, d'après laquelle il lui a promis de lui donner l'univers en soumission et en servitude. Fais donc la paix avec mon peuple et il te servira en te payant un tribut; détourne ton épée du sang et ta main des dépouilles, et il se soumettra à toi de tout son cœur. Mais quant à notre foi, que nous ayons la liberté de conserver et de professer toutes nos croyances, et que personne d'entre vous n'ose, par des moyens violents, tenter de nous en détourner. Si tu acceptes ma demande, que le Seigneur favorise tes entreprises, que les désirs de ta volonté soient accomplis, et que le Seigneur fasse que tous se soumettent à toi. Mais si,

_____
[1] Ville de la Mésopotamie.

au contraire, tu ne veux pas écouter ma parole, si tu veux, malgré ma prière, marcher contre mon pays, que le Seigneur dissipe tes desseins, que la marche de tes pieds ne soit point affermie [1], qu'il détourne le cœur de tes soldats afin qu'ils n'exécutent point ta volonté, qu'il te suscite des agresseurs de tous côtés, et que ta domination ne soit point assurée. Ne rejette donc pas ma demande, afin que mes bénédictions puissent venir sur toi. »

Aussitôt que Mahomet fut arrivé à Harran, on lui donna à lire le testament du catholicos arménien. Après avoir lu ce document, il s'informa de l'époque de sa mort, et apprit qu'il venait de mourir à l'instant même et qu'il n'était pas encore enterré. Alors il se leva sur le champ et se rendit sur le lieu où était le corps du défunt, et là, se tenant debout près du cercueil, il lui adressa ses compliments selon l'usage arabe, et, à ce que nous ont dit des gens dignes de foi, il répéta ses compliments une seconde et une troisième fois. Ensuite, saisissant la main du défunt, il eut avec lui une conversation comme avec un être vivant, lui disant : « En lisant ce que tu as écrit, j'ai connu ta sagesse ; j'ai vu que, comme un vaillant pasteur, dans ta sollicitude pour ton troupeau tu t'es hâté de venir au-devant de mon épée menaçante. Je consens à ne pas rougir mon fer dans le sang des innocents, et je m'engage à exécuter tout ce que tu m'as demandé, afin que je puisse être digne de la bénédiction de ta piété ; et si j'omets un seul mot de toutes tes demandes, que toutes les malédictions que je viens de lire tout à l'heure dans ton testament tombent sur ma

---

[1] C'est-à-dire qu'il ne favorise point ton entreprise.

tête. » Après avoir prononcé ces paroles, il se retira dans son hôtel.

Alors la suite du bienheureux catholicos Isaac, qui l'avait accompagné depuis l'Arménie, s'occupa des préparatifs de l'enterrement, et la cérémonie funèbre eut lieu avec la pompe la plus solennelle. Après avoir reçu du commandant en chef arabe la convention écrite confirmée par le serment, ils s'en retournèrent en Arménie. Les habitants rassurés par cette convention et par l'engagement écrit y ajoutèrent foi, et se soumirent dès lors aux enfants d'Ismaël en leur payant un tribut.

La 18ᵉ année du règne d'Abdal-Mélek, le général en chef Mahomet, à la tête d'une armée imposante, se rendit une seconde fois en Arménie, où il passa trois ans sans montrer aucune apparence d'hostilité. Il paraissait avoir oublié la catastrophe éprouvée par les Arabes à Vardanakert, et il gardait avec bonne foi son engagement et respectait son serment; seulement il regardait avec une sorte de méfiance les nakharars arméniens.

———

CHAPITRE VI.

MORT D'ABDAL-MÉLEK. AVÉNEMENT AU TRÔNE DE SON FILS VALID, FIN TRAGIQUE DE L'ARISTOCRATIE ARMÉNIENNE.

Abdal-Mélek, après avoir ainsi gouverné son empire, mourut [1] et fut remplacé par Valid ou Velith,

---

[1] En l'an 705 de l'ère chrétienne et 86 de l'hégire.

son fils, qui régna pendant dix ans et huit mois.
Dès la première année de son règne, il conçut l'affreux projet d'exterminer en Arménie la race des nakharars avec leur cavalerie; il y était poussé par sa haine contre Sembath, curopalate, et par la persuasion que leur existence serait toujours un obstacle à la domination arabe. Pendant qu'il méditait encore sur les moyens d'exécuter cet audacieux projet, Sembath priait, par une dépêche, l'empereur de Byzance d'envoyer des troupes à son secours. L'empereur accueillit favorablement la demande de Sembath, et un corps d'armée considérable, commandé par un des généraux de l'empire, fut envoyé pour le soutenir. Alors Sembath et le général en chef grec s'avancèrent ensemble jusqu'au territoire de Vanand [1], et dressèrent leur camp dans le village nommé Drach-pète. Aussitôt que cette nouvelle parvint à la connaissance de l'émir Mahomet, il rassembla ses phalanges et marcha à leur rencontre avec des forces redoutables. Les deux armées se trouvèrent bientôt en présence; le signal fut donné et l'action s'engagea sur toutes les lignes. La prompte colère du Seigneur atteignit les guerriers grecs : devenant lâches, ils prirent la fuite et se retirèrent dans leur camp retranché. L'ennemi, encouragé, les poursuivit et fit un grand carnage. On dit que l'armée grecque perdit dans cet engagement plus de 50,000 hommes; ceux qui survécurent furent contraints de prendre la fuite et de se retirer dans leur pays. Mahomet rentra avec ses troupes à Devïn.

Le prince des Ismaélites apprenant que c'étaient

[1] Actuellement le pachalik de Kars, dans l'Arménie turque, sur la frontière de l'Arménie russe.

des nakharars arméniens qui avaient conduit l'armée grecque, commanda à Mahomet d'exécuter son perfide projet. En conséquence, celui-ci ordonna à un certain Kachme, vice-gouverneur de Nakhitshévan, d'inviter chez lui les nakharars arméniens avec leur cavalerie, sous prétexte de les enregistrer et de leur payer leur solde. Ils ajoutèrent foi à cette perfidie et s'empressèrent de se rendre à l'invitation. A leur arrivée, ils furent partagés en deux moitiés et renfermés l'une dans l'église de Nakhitshévan, l'autre dans celle du bourg de Khram, qui étaient toutes deux surveillées par des soldats. On tint conseil à leur sujet pour savoir comment il fallait les faire mourir; on décida à l'unanimité de faire sortir les nobles et de brûler les autres dans le sanctuaire : aussitôt on y mit le feu. Alors les prisonniers, se voyant condamnés à la mort la plus affreuse et privés de tout secours humain, s'adressèrent à Dieu, protecteur de tous, et invoquèrent son secours en disant : « Toi, qui es l'asile des affligés, le secours de ceux qui sont en péril et qui donnes du repos à ceux qui sont chargés, viens à notre secours, à nous qui sommes affligés et entourés d'affreux dangers, et sauve-nous de cette mort douloureuse qui nous est destinée; car, voici, la flamme ardente s'étend de plus en plus; elle nous entoure et nous dévore ici sept fois plus que la fournaise de Babylone. Mais toi, Seigneur, qui dans ta miséricorde as envoyé ton ange à Babylone au secours des trois jeunes Hébreux, ne nous oublie pas, car nous sommes aussi tes serviteurs, quoique par nos péchés nous ayons souvent lassé ta longue attente. Seigneur, dans ta colère, souviens-toi de ta clémence envers tes serviteurs, car voici que ton sanctuaire, le lieu où l'on glorifi ton nom, est devenu notre tombe; c'est pourquoi, en rendant grâces à ton nom saint et redoutable, nous remettons entre tes mains nos âmes, nos corps et notre vie. » Ce fut en répétant, tous d'une voix, cette requête adressée au Très-Haut, que les prisonniers quittèrent ce monde. Quant aux nobles, ils furent jetés liés dans des cachots, où on leur fit souffrir des tortures insupportables; on réclamait d'eux d'immenses quantités d'or et d'argent, leur promettant de les mettre en liberté, sains et saufs, dès qu'ils auraient payé toute la somme exigée, et pour les persuader, on confirmait ces promesses par des serments. Afin de se soustraire à ces barbares traitements et à la mort, la noblesse livra aux ennemis de grosses sommes qu'elle avait déposées dans des lieux sûrs, à l'abri des déprédations et du brigandage. Cependant les infidèles, après les avoir ainsi dépouillés de toute leur fortune, dressèrent des potences pour les y faire tous périr. Au nombre des nakharars voués à la mort étaient Sembath, fils d'Ashott, de la maison de Bagratouni; Grégoire et Korun, de celle d'Ardzerouni; Varaz-Shapouh et son frère, de celle d'Amatouni, et beaucoup d'autres dont il m'est impossible de citer les noms en détail; tous ces personnages eurent une fin violente, et l'Arménie fut privée de ses nakharars.

Dès lors l'Arménie, sans soutien et sans défense, fut livrée à ses ennemis comme un troupeau de brebis au milieu des loups, exposée à toute sorte d'injustices et de violences, en proie à des inquiétudes continuelles. Les habitants élevaient sans cesse leurs gémissements et leurs cris de douleur vers le ciel; mais Sembath, le curopalate, se retira de l'Arménie, accompagné des nakharars, ses clients, et demanda à l'empereur d'Orient une ville pour s'y établir et des prairies pour ses troupeaux ; il reçut la ville de Poït[1], dans le canton d'Eguère, où il passa six ans.

Le mécontentement général produit en Arménie par les cruautés de Mahomet parvint finalement à la connaissance de Valid, souverain des Arabes, qui le rappela sur-le-champ et le remplaça par un certain Abdoul-Aziz, qui était sourd, mais rusé, versé dans les sciences humaines, aimant les sentences et les apologues. Quand son pouvoir fut affermi, voulant persuader les nakharars émigrés de rentrer dans leurs pays, il publia un rescrit et leur donna une charte, confirmée par serment, selon la coutume arabe. Eux donc, rassurés par cette promesse, pillèrent la ville, le trésor public et les églises, et revinrent en Arménie, en quittant l'empereur d'Orient. Celui-ci, indigné de cette ingratitude, appela le métropolitain et les autres archevêques, ordonna d'écrire une formule d'excommunication contre ces scélérats et de la lire chaque année, le jour même où leur crime avait été commis, c'est-à-dire le jour de Pâques, ce qui a continué jusqu'à nos jours. Cette excommunication fut la cause de leur perte.

Abdoul-Aziz, ayant consolidé son pouvoir en Arménie, s'occupa de rétablir partout la tranquillité ; il mit fin à toutes les agressions dans l'intérieur du pays ; il dompta l'odieuse insolence des enfants de l'Arabie par des réprimandes sévères ; il s'occupa de reconstruire Devïn en lui donnant une dimension plus grande en

[1] Actuellement, si mes investigations sont exactes, Pothi, petite ville en Mingrélie, dans l'ancienne Colchide. Dans notre texte ce pays est appelé Eguère, nom formé sans doute d'Egre ou Egros, nom du huitième frère de Haik. Klap. Reise, etc. II. LXI. et l'*Histoire géorgienne* (en manuscrit).

largeur et en longueur ; il y fit élever des fortifications formidables, l'entoura d'une enceinte et creusa tout autour un fossé rempli d'eau. « C'est par moi, disait-il, que Devin fut ruinée pour la première fois, et c'est moi qui devais la reconstruire. » Et il ajoutait que, pendant que la ville était assiégée par les Arabes, n'ayant alors que douze ans, et portant un manteau rouge, il s'était introduit par un conduit d'eau dans la ville ; qu'ensuite, monté sur les remparts, il avait poussé de toute sa force des cris en sa langue, appelant ses compagnons d'armes, qui alors étaient montés avec impétuosité à l'assaut, et, mettant en fuite la garnison, s'étaient emparés de la ville et l'avaient rasée. Par ce coup de main, la victoire s'était déclarée pour les Arabes. On dit qu'il racontait souvent lui-même cet épisode.

Le général Mahomet, qui ne pouvait se tenir en repos, tourna ses regards vers la Chine. Il demanda une grande armée au souverain des musulmans, lui promettant de soumettre à son pouvoir le monarque du pays. Mahomet obtint tout ce qu'il désirait. Une armée formidable de 200,000 combattants fut mise sous son commandement ; il marcha, à sa tête, de Damas vers l'Orient. Après avoir traversé la Syrie, la Perse et le Khorassan, il entra dans les possessions chinoises et campa sur la rive du grand fleuve nommé Bothis[1]. De là, il envoya une dépêche à l'empereur de la Chine, où il disait : « Pourquoi t'obstines-tu, toi seul, à refuser de te sou-

[1] Vers cette époque, les Arabes poussèrent leurs conquêtes, d'un côté jusqu'à Gibraltar, de l'autre jusqu'aux Indes, au Khoварesm, à la Transoxane et au Turkistan. Il ne se trouve aucun grand fleuve dans ce pays que le Cahou, ou Djihoun, qui peut correspondre au Bothis.

mettre à la domination de notre souverain, tandis que toutes les nations sont saisies d'effroi à cause de nous ?. En qui donc as-tu mis ta confiance, que tu ne veuilles pas te soumettre à nous ? Crois-tu que nous ressemblons aux filles au milieu desquelles tu te pavanes ? Or, si tu ne veux pas te soumettre à notre joug, sache que ton territoire sera réduit en désert, et que je mettrai fin à ton royaume. Mais prends garde de me répondre immédiatement. » L'empereur de la Chine, nommé Djen-Bacour, après avoir lu cette lettre fit appeler devant lui toute sa garde, composée de membres de sa famille, pour délibérer sur la réponse à donner. Après une délibération commune, on lui envoya la réponse suivante : « Es-tu plus fort que tous les monarques qui ont dominé sur le monde, dès le commencement jusqu'aujourd'hui ? Le monarque babylonien, qui avait conquis l'univers, et ceux de Macédoine et de Perse, pourquoi n'ont-ils pu subjuguer notre pays ? Sache donc que tu es plus insolent qu'un chien, toi, qui, entraîné par les chaînes de la volupté, par ta passion pour mes charmantes et séduisantes filles, dont la renommée et la beauté te sont connues, es venu mettre en danger ta personne et celle de tes troupes, comme s'il n'y avait pas des tombes pour vous à Damas. Sache donc que notre pays n'a jamais été subjugué par aucun peuple, et que je ne consentirai jamais à te l'abandonner sans coup férir. Mais si tu demandes quelques présents, je t'en ferai à la manière des princes, et tu rebrousseras chemin en paix dans ton pays. »

Mahomet, à la suite de cette communication de Djen-Bacour, lui envoya dire : « Donne-moi trente mille filles, et je me retirerai en paix de ton pays.

Dans le cas contraire, je marcherai contre toi. Le monarque accepta sa proposition et fit dire à Mahomet
d'attendre dans son camp jusqu'à ce qu'il réalisât sa
demande; il ordonna sur-le-champ à son armée de
préparer de nombreuses voitures ornées de dais gar-
nis d'étoffes de soie, et à la place des jeunes filles re-
clamées par le commandant des Arabes, d'y faire
monter l'élite de sa cavalerie, parfaitement équipée
et armée.

Un convoi de voitures renfermant 40,000 cavaliers (déguisés en filles), se mit donc en marche et
s'avança jusqu'au bord du fleuve, où il s'arrêta en présence des Arabes. Djen-Bacour, qui les suivait à quelque stades de distance avec une suite peu nombreuse,
envoya dire à Mahomet : « J'ai fait assembler 30,000
filles choisies dans toute l'étendue de mon empire et
destinées à épouser l'élite de tes gens; choisis donc
dans ton armée des gens de distinction en nombre
égal à celui de mes filles, passe de ce côté du fleuve
et je les donnerai à qui le sort les destinera, car je
craindrais qu'il n'arrivât quelque conflit entre tes soldats. Il envoya des barques pour transporter les Arabes
d'un bord à l'autre. Alors, l'élite de leur armée passa
imprudemment le fleuve au nombre de 30,000 hommes.
A peine le débarquement s'achevait-il que l'empereur
de la Chine donna le signal de l'attaque; les guerriers
chinois, cachés jusqu'alors sous les dais, sortirent des
voitures, et les Arabes, assaillis de tous les côtés, furent
presque tous massacrés. Pour empêcher leur retraite,
les Chinois eurent soin de couper les cordes à l'aide
desquelles les barques étaient attachées et se tenaient
d'une rive à l'autre ; aussi personne ne put-il se sauver, si ce n'est Mahomet suivi de quelques-uns de ses

compagnons d'armes qui, se jetant dans le fleuve, et, grâce à l'énergie de leurs montures, parvinrent sur le bord opposé. C'est ainsi que Mahomet, couvert de honte, rentra dans son pays, n'osant dès lors reprendre les armes contre la Chine.

Le prince Valid mourut après avoir gouverné l'empire musulman pendant dix ans et huit mois. Après lui le trône fut occupé par Soliman (Souleiman), qui mourut après un règne de deux ans et huit mois. La seconde année de son règne il forma une armée nombreuse, qui, sous le commandement du général Meslim, se dirigea vers les portes caspiennes. Cette armée prit d'assaut Derbind, ville fortifiée, battit sa garnison composée de Huns[1], et l'en chassa. Ensuite on procéda à raser les fortifications de cette ville, qui aurait pu être complétement démolie, si l'on n'avait pas trouvé un bloc de pierre d'une grande dimension dans un des fondements des murs, portant l'inscription suivante : « Marcianus, empereur autocrate, a construit cette ville avec ses remparts et ses tours en y dépensant de nombreux talents de son trésor ; dans une époque postérieure, les enfants d'Ismaël la démoliront et la rebâtiront à leurs propres frais. » Cette inscription empêcha les Arabes de détruire entièrement ces fortifications ; ensuite on mit à l'œuvre des maçons et l'on rebâtit les parties détruites de l'enceinte. De là Meslim entreprit, avec les forces imposantes, une invasion dans l'intérieur du pays ; il franchit Djora, château fort[2], livra au pillage le territoire des Huns et prit po-

---

[1] Peuple habitant alors l'extrémité nord-est du Caucase sur le bord de la mer Caspienne, entre les villes actuelles de Derbind, de Tharkhou, et de Kizliar.

[2] Actuellement Schenra, à l'extrémité orientale du Caucase non loin du

sition devant Tharkhou [1], leur ville capitale. Les habitants, effrayés de cette invasion d'ennemis qui inondaient leur pays, en donnèrent alors avis au Khaquan roi des Khazirs. Celui-ci réunit à la hâte un corps d'armée très considérable, et tous ces soldats robustes et vaillants, dont la renommée est connue de tout le monde se mirent en route et prirent position dans le voisinage de l'armée arabe. Plusieurs jours s'écoulèrent dans des escarmouches, sans qu'on livrât une bataille rangée, qu'ajournait et même qu'évitait le Khaquan, qui attendait l'arrivée d'Alp-Tharkhan qu'il avait appelé à son secours. L'armée des Khazirs, dont le chiffre s'augmentait journellement, commença à inquiéter fortement Meslim [2], général en chef arabe, qui finit par être saisi d'épouvante, et ne songea plus qu'à trouver des moyens pour se sauver. Les préparatifs nécessaires pour la retraite terminés, il ordonna d'allumer sur tous les points de son camp de grands feux, près desquels il laissa ses bagages, ses concubines, ses serviteurs et les servantes, avec beaucoup de gens de basse condition; il se retira dans l'intérieur du Caucase, et en traversant les forêts il se fraya un chemin à peine praticable, par où il parvint à échapper aux coups de l'ennemi. Soliman [3] mourut au moment où cette expédition eut lieu. Omar lui succéda dans la dignité du califat; il régna deux ans et cinq mois.

bord de la mer Caspienne. Depuis que cette place est tombée sous la domination russe on l'a fortifiée d'une manière formidable.

[1] Ville fortifiée, dans le pays des Karakanthaghes, non loin de Schoura et de la mer Caspienne.

[2] Ce nom était remplacé dans notre texte par celui de Soliman, alors souverain pontife des Arabes.

[3] Notre texte à la place de Soliman portait Meslim, ce qui sans doute doit être attribué à une erreur du copiste.

CHAPITRE VII.

LE RÈGNE D'OMAR II, SA GÉNÉROSITÉ; LES CAPTIFS ARMÉNIENS RECOUVRENT LEUR LIBERTÉ; SA CORRESPONDANCE AVEC LÉON, EMPEREUR DE BYZANCE.

Omar se montra, dit-on, plus humain et plus généreux qu'aucun autre de sa nation tout entière; aussitôt qu'il fut monté au trône, il publia une amnistie et autorisa tous les captifs arméniens, hommes et femmes, à retourner dans leur patrie. Leur captivité remontait au temps où Mahomet avait fait brûler l'aristocratie arménienne (dans les églises de Nakhitchevan et de Kramé), et, devenant ainsi maître de plusieurs châteaux, avait emmené en captivité tous ceux qui s'y étaient réfugiés, hommes et femmes. Après leur avoir rendu la liberté, Omar II mit tous ses soins à faire régner, dans toute l'étendue de son empire, le calme et la sécurité. Il adressa à Léon[1], empereur des Grecs, un message dans lequel il lui faisait différentes questions sur la religion chrétienne, et manifestait son désir d'en apprendre l'essence. En voici l'extrait :
« Omar, au nom de Dieu, calife des musulmans, à Léon, empereur de Byzance. Il m'est venu souvent le désir d'apprendre les dogmes de votre religion imaginaire et d'étudier à fond vos croyances. Cependant, je n'ai pas pu arriver à réaliser mes intentions. Or, dites-moi, en vérité, pourquoi Jésus dit-il à ses disci-

---

[1] C'était Léon l'Isaurien, qui occupa le trône de Byzance de 717 à 74[1]

ples qu'ils sont venus au monde nus et retourneront à lui de même? Pour quelle raison n'avez-vous pas voulu accepter tout ce que Jésus dit de sa personne, et préférez-vous faire des recherches dans les livres des prophètes et dans les psaumes avec l'intention d'y trouver des témoignages pour constater l'incarnation de Jésus. On peut, à cause de cela, vous soupçonner d'avoir douté, d'avoir regardé comme insuffisant le témoignage que Jésus se rend à lui-même, pour n'ajouter foi qu'à ce que les prophètes ont dit. Or Jésus était, en vérité, plus digne de foi, se trouvant près de Dieu et connaissant mieux sa personne que les hommes dont les écrits ont été d'ailleurs falsifiés par des peuples inconnus de vous. Comment pouvez-vous justifier, du reste, les Ecritures, et les suivre en ce qui répond à vos intentions? Vous dites que le Code (la Bible) fut plus d'une fois écrit par des enfants d'Israël, qui le lisaient et qui le connaissaient, et autant de fois perdu, de sorte qu'il n'en resta rien pendant longtemps chez eux jusqu'à une époque bien postérieure, où quelques hommes le recomposèrent par leur génie. Vous dites qu'il fut continué de génération en génération, de race en race, par des créatures charnelles, vu leur condition d'enfants d'Adam, oublieuses, sujettes à se tromper, agissant peut-être sous l'inspiration de Satan et de ceux qui, par leurs actes d'hostilité, lui ressemblent. Pourquoi ne trouve-t-on, dans le Code mosaïque, aucune indication à propos du paradis ou de l'enfer, ou de la résurrection et du jugement? Ce sont les évangélistes Matthieu, Marc, Luc et Jean, qui en ont parlé selon leur talent. N'est-il pas vrai que Jésus, en parlant dans l'Evangile de la mission du Paraclet ou Consolateur à venir, indiquait la mission de notre Mahomet ? Pour quelle raison les peuples chrétiens se sont-ils, après la mort des disciples de Jésus, partagés en soixante douze races (sectes)? Pourquoi ont-ils fait de Jésus l'associé et l'égal du Dieu unique et tout puissant, en professant trois Dieux, et en changeant arbitrairement toutes les lois, comme celle de la circoncision en baptême, celle du sacrifice en eucharistie, celle du samedi en dimanche? Est-il possible que Dieu ait habité dans la chair et dans le sang, et dans les entrailles souillées d'une femme ? Pourquoi adorez-vous les ossements des apôtres et des prophètes, ainsi que les tableaux et la croix, qui anciennement servait, selon la loi, d'instrument de supplice? Le prophète Isaïe rend témoignage en faveur de notre législateur comme étant égal et semblable à Jésus, lorsqu'il parle, dans sa vision, de deux cavaliers, montés, l'un sur un âne, l'autre sur un chameau; quant à vous, pourquoi ne voulez-vous pas croire à cela ? Faites-moi parvenir des explications sur tous ces points, afin que je puisse connaître vos opinions religieuses. » Telles étaient les questions, qu'avec beaucoup d'autres encore, Omar, souverain des Arabes, adressait à l'empereur Léon, qui, à son tour, se crut obligé de lui répondre dans ces termes : « Flavien Léon, empereur, serviteur de Jésus-Christ, notre vrai Dieu et le souverain de ceux qui le connaissent, à Omar, chef des Sarrazins. Quelle réponse exacte puis-je faire à tous les arguments que tu avances contre moi? Dieu lui-même nous commande d'enseigner avec douceur nos adversaires pour voir s'il ne leur accordera pas le temps de la repentance. Nos lois civiles, du reste, ne nous imposent point le devoir de frapper, par des paroles dures

comme des pierres, ceux qui manifestent le désir de
s'instruire du merveilleux mystère de la vérité, mais
comme ta lettre ne montrait pas même, dans son commencement, la plus faible apparence de vérité; il est
nécessaire de ne pas appeler juste ce qui ne l'est pas.
Tu dis, dans ta lettre, que nous t'avons entretenu plus
d'une fois sur les mystères divins de notre religion chrétienne, et que tu n'as pas réussi à en étudier les dogmes, appelés par toi imaginaires; mais ces deux affir-
mations sont inexactes. En effet, rien ne pouvait nous
pousser à t'entretenir de nos dogmes, puisque notre
Seigneur et Maître lui-même nous ordonne de nous
abstenir d'exposer notre unique et divine doctrine devant les hétérodoxes, de peur qu'elle ne soit tournée
en ridicule, surtout devant ceux qui sont restés étrangers aux prédictions des prophètes et aux témoignages des apôtres; cette même règle est pratiquée par
nous à l'égard de tous les autres. Certes, nous t'avons
écrit plusieurs fois, et nous t'écrirons davantage si la
nécessité nous y engage, mais toujours sur les affaires
mondaines et jamais sur les affaires divines. Cependant, la Parole divine nous apprend à répondre à tous
ceux qui nous questionnent, et à nous taire devant ceux
qui ne le font pas; quant à vous, ce n'est pas d'aujour-
d'hui que nous avons appris la substance de vos opinions (religieuses); c'est Dieu qui nous a commandé
d'examiner tout et de retenir ce qui est bon. Or, nous
possédons des documents historiques, composés par
nos bienheureux prélats qui ont vécu à la même époque que Mahomet, votre législateur, et ces écrits
nous dispensent de vous importuner au sujet de
votre religion; mais pour que tu ne croies pas que
nous ayons honte de professer une religion si mer-

veilleuse, écoute, s'il te plaît, et si tu m'écoutes, tu mangeras les bons produits de la terre, comme l'écrit Isaïe.

Il est vraiment très difficile, ô homme, de réfuter le mensonge le plus palpable lorsque l'adversaire ne songe continuellement qu'à le soutenir avec opiniâtreté. Je vais t'expliquer cette thèse : Supposons deux hommes se tenant près du feu ; l'un d'eux reconnaît réellement cet élément pour du feu ; l'autre, poussé par un esprit de contradiction, dit : C'est une source d'eau. La mauvaise foi de celui-ci est évidente. De même, tu avances que notre Seigneur a dit dans l'Evangile que « nous sommes venus nus dans ce monde et que nous le quitterons tels. » Cependant nous ne trouvons pas dans l'Evangile un pareil commandement émané de notre Seigneur, bien qu'il nous conseille de méditer souvent sur la mort ; au contraire c'est Job le juste qui, après avoir été tenté par Satan a dit : « Je suis né nu et je mourrai tel ; le Seigneur l'avait donné (des biens), le Seigneur l'a repris. Que le nom du Seigneur soit béni. » Voici, vous êtes habitués à éluder et à mutiler les témoignages des saintes Ecritures que vous n'avez pas lues, et que vous ne lisez pas. Vous aimez à trafiquer des choses de Dieu et de la foi en dérobant, dans les saintes Ecritures, quelque mot paraissant favorable à vos opinions et à l'employer pour votre défense. Tout enorgueilli que tu sois par ton despotisme, écoute cependant mes réponses : Tu as dit que nous avons trouvé dans les psaumes de David et dans des livres de prophètes des témoignages à propos de notre Seigneur ; mais ce n'est pas aujourd'hui que nous y avons fouillé et trouvé de pareilles paroles du Saint-Esprit, qui les a prononcées par la bouche des prophètes ; c'est par ces paroles, aidées par la grâce de Dieu, que le christianisme, dès son origine, fut prêché, fondé, propagé, et cru ; par ces paroles, dis-je, qu'il prospéra et qu'il prospérera encore par la puissance du Dieu Créateur. Tu écris que nous nous sommes contentés de ces paroles, et que nous y avons ajouté foi sans faire attention à ce que Jésus avait dit de sa propre personne, le regardant *comme douteux et incertain ;* il serait bien désireux que tu eusses ajouté foi, selon ta propre parole aux récits infaillibles et positifs de l'Evangile plus qu'à tout autre ; quoiqu'il n'existe aucune contradiction entre le Nouveau et l'Ancien Testament, vu que Dieu, source unique de bonté, ne pouvait produire à la fois le bon et le mauvais, la vérité et le mensonge ; or Dieu, pour rendre plus facile au peuple juif l'acceptation de sa Parole incarnée, avait mis dans la bouche des prophètes des déclarations, des paraboles et des prédictions très claires, afin que son peuple fût instruit d'avance et préparé à recevoir Jésus-Christ, et à ne pas s'opposer à lui, comme il le fait. C'est de la même manière que le Seigneur, dans son Evangile, a rendu témoignage de sa personne, et, une fois incarné, il a cité, de la manière la plus expresse, tous les témoignages que les prophètes lui avaient rendus avant son incarnation.

Je me propose, avec l'aide de la grâce de Dieu, de te montrer tout ceci successivement dans ma présente lettre, en attribuant les plus glorieuses de ces prédictions à sa nature surhumaine, et les plus humbles à sa nature humaine. Tu écris que Jésus méritait notre confiance puisque, se trouvant près de Dieu, il le connaissait mieux que tous ceux qui ont écrit de lui, et dont les écrits ont été falsifiés du reste par des peuples que nous ne connaissons pas.

Réponse : La vérité ne sait pas nier ce qui existe, et affirmer ce qui n'est pas ; tandis que le mensonge est capable de tout : il ose nier, non-seulement les êtres visibles, mais aussi le Créateur lui-même en proférant qu'il n'y a point de Dieu. Par conséquent, il n'est pas étonnant que le mensonge nie l'existence des saintes Écritures ou qu'il les accuse de fautes. Jésus était en vérité digne de confiance, mais non pas comme homme simple et privé de la Parole de Dieu, mais comme homme parfait et Dieu parfait ; de même que ses commandements, proférés par la bouche des prophètes, méritent aussi notre confiance entière, non parce qu'ils ont été prononcés par des hommes, mais parce que c'était la Parole de Dieu elle-même qui les a dictés avant son incarnation, et, comme c'était Elle seule qui les inspirait dans l'Ancien et dans le Nouveau Testament, c'est pour cela qu'on n'y trouve aucune contradiction. Quant à ce que tu affirmes sur la falsification de ces écrits, si c'est le chef de ta religion qui t'a enseigné cela, il s'est oublié ; si c'est un autre, il n'en a que menti davantage. Écoute donc et réfléchis : Le chef de ta religion convient qu'il ne faut rien constater sans témoins ; il ajoute que le Code (de Moïse) ordonne la même chose ; et en effet, le Code ordonne que toute parole soit constatée par deux ou trois témoins. Nous savons que ce fut Abraham qui reçut autrefois la promesse de la mission du Christ, et à qui Dieu dit : « Toutes les nations de la terre seront bénies en ta semence [1] ; » qu'Isaac, nourri de la même espérance,

---

[1] Genèse XXII, 18.

bénit Jacob, et que celui-ci, toujours dans le même but, bénit Juda en lui disant : « Le sceptre ne se départira point de Juda, ni le législateur d'entre ses pieds, jusqu'à ce que le Silo vienne, et à lui appartiendra l'assemblée des peuples[1]. » Nous savons que Moïse, dans le même but, avait ordonné et désigné Josué. Rappelle-toi, David, Salomon, les douze prophètes avec Samuel, Eliazar, Elisée, Esaïe, Jérémie, Daniel, Ezéchiel, Job le juste, Jean-Baptiste, fils de Zacharie ; ajoute à ceux-là les douze apôtres et les soixante-dix disciples du Seigneur, en tout cent et onze personnes dans l'Ancien et le Nouveau Testament. Tu méprises donc tant de personnages saints et chéris de Dieu, qui ont prédit l'avénement du Christ, auxquels ton Mahomet lui-même avait rendu ce témoignage qu'ils étaient de saints serviteurs de Dieu, afin que Mahomet paraisse plus digne de foi que Dieu parlant par leur organe, et que la Parole de Dieu manifestée en chair. Or, je te fais la question suivante. réponds, je t'en conjure, si c'est le témoignage rendu par cent et onze serviteurs de Dieu, parlant unanimement d'un même Sauveur, qui est le plus digne de foi, ou celui d'un dissident ou d'un hétérodoxe, qui en mentant croyait dire la vérité? Rappelle-toi que Mahomet, en parlant d'eux, les représente comme de saints et favoris ministres de Dieu, et qu'il vous oblige à les regarder comme tels; quant à ce que Dieu a dit par leur organe, il le rejette lui-même et empêche les autres de l'admettre.

Tu demandes comment nous pouvons nous appuyer sur le livre des Juifs, qui est l'Ancien Testament, et

[1] Idem. XLIX. 10.

tu prétends que nous croyons que ce livre fut plusieurs fois écrit et perdu, jusqu'à ce qu'après de longues années quelques individus entreprirent de le recomposer à leur guise. Ainsi, suivant l'opinion que tu nous prêtes, cette œuvre aurait été continuée de génération en génération, et ceux qui la faisaient étaient exposés à toute sorte d'erreurs et aux séductions de Satan et de tous ceux qui lui ressemblent par leur esprit haineux.

Réponse. Je suis fort étonné non-seulement de votre incrédulité, mais encore de la manière dont vous exposez sans rougir vos idées, qui vous rendent ridicules, et dont vous prétendez nous séduire par nos propres paroles.

C'est dans ce but que tu commences ta lettre en citant une de nos opinions, prétendant en tirer tout ce qui suit, comme si c'était émané de nous. Cependant si tu crois à nos opinions il faut y croire entièrement, parce que personne ne peut s'appuyer sur un mensonge, et c'est un mensonge que d'adopter la moitié d'un témoignage et de rejeter l'autre; mais comme tu n'en es pas instruit, écoute et apprends : quand nous disons que ce sont les Hébreux qui ont composé l'Ancien Testament, nous ne voulons pas dire qu'ils l'ont produit par leur imagination, mais qu'ils l'ont composé dans le sanctuaire, sur la foi des documents authentiques des hommes saints et pieux de leur nation, et puisant dans les livres des Prophètes eux-mêmes. Le chiffre des êtres créés par Dieu aux premiers six jours monte à 22; de même l'Ancien Testament renferme 22 livres reçus par les Juifs aussi bien que par nous; leur alphabet est composé de 22 caractères, dont cinq peuvent être doublés, et cela non

sans une signification importante. Dieu inspira cela
par ses prophètes, pour que toutes les vérités fussent
constatées les unes par les autres; de ces 22 livres,
5 sont connus sous le nom de Loi ou de Code, et appelés par les Hébreux Thora[1], par les Syriens Ora-
thas[2], par nous Nomos. Ils renferment l'enseignement de la connaissance de Dieu, le récit de la
création du monde par lui, la défense d'adorer les
divinités des païens, l'alliance conclue avec Abraham,
dont le but était le Christ, et les règlements relatifs à
la jurisprudence et aux sacrifices, règlements qui les
éloignaient des habitudes du paganisme, pour lesquelles ils professaient tant d'attachement. Les livres
de Josué, des Juges, de Ruth; les quatre livres des
Rois[3] et des Paralipomènes, contiennent les œuvres
miraculeuses de Dieu, opérées de temps à autre; la
généalogie exacte de la famille des Justes, descendant régulièrement jusqu'au Christ. Ils racontent aussi
l'histoire des rois d'Israël, ou indiquent ceux d'entre
eux qui ont été agréables à Dieu, et ceux qui ne l'ont
pas été; ainsi que la séparation du peuple des Juifs,
à cause de leurs péchés, en deux royaumes : celui de
Juda et celui d'Israël, et enfin leur captivité. Les
psaumes de David, les livres de Salomon, appelés par
les Juifs Koheleth[4] et Schir-Ashirim[5], par nous Pa-
rimons[6] et Samatans[7]; ceux des douze prophètes,

---

[1] Mot hébreu qui signifie la Loi; les Juifs désignent par là le Pentateuque.

[2] Les Syriens appellent le Pentateuque *Oraïta*. Voy. le *Lexicon syriacum*
de Castel, édit. Michaelis, p. 386. Les Chaldéens prononcent *Oraïta*.

[3] Deux des quatre livres des Rois sont connus dans la version française
de Martin sous le titre de Ier et IIe livres de Samuel.

[4] *Koheleth*. C'est le nom hébreu du livre de l'Ecclésiaste.

[5] C'est le nom hébreu du Cantique des cantiques.

[6] Le livre des Proverbes de Salomon est appelé en grec : Παροιμία.

[7] Cantique des cantiques.

d'Isaïe, de Jérémie, de Daniel et d'Ezéchiel, contiennent toutes les prophéties sur l'avénement du Christ. Donc si quelqu'un d'entre les Juifs avait voulu falsifier (l'Ancien Testament), le nombre des livres aurait dû subir quelque changement, les sacriléges auraient dû en supprimer quelques-uns, ou le réduire en un, en deux, ou tout au plus en trois livres, et retrancher ainsi le reste, parce qu'il était beaucoup plus facile de les anéantir de cette manière.

Je suppose, au reste, que tu n'ignores pas l'inimitié qui existe entre nous Chrétiens et entre les Juifs. La cause unique en est notre croyance en la divinité de Jésus-Christ, que nous regardons comme le Christ et le Fils de Dieu annoncé par les prophètes; tandis que les Juifs, tout en admettant l'avénement futur du Christ, se sont élevés contre l'indication des prophètes, et n'ont pas voulu reconnaître dans la personne de Jésus le Fils de Dieu. Or, comment peut-on admettre que ceux qui auraient falsifié des livres auraient consenti à y laisser intactes ou à y ajouter d'eux-mêmes tant de témoignages indubitables, qui, malgré qu'on leur fasse violence, ne peuvent être appliqués à aucune autre personne qu'au Fils de Dieu incarné. Ecoute encore ma troisième réponse : La captivité des Juifs eut lieu longtemps avant l'avénement du Christ en chair; cependant comment se pourrait-il qu'alors, c'est-à-dire à l'époque du Christ, le Temple, le Testament et le Sacerdoce aient continué à exister, comme nous l'affirme l'Evangile, suivant lequel le Seigneur lui-même avait subi la circoncision et les autres cérémonies, très exactement comme tu le confirmes toi-même, et tout cela, sans doute, dans le but de prouver que c'était lui-même qui avait ordonné ces

cérémonies par l'organe des prophètes, et que loin de
lui être contraires elles lui étaient fort agréables, et
qu'elles servaient de solides témoignages à son dessein
et à sa mission? Les Juifs possédaient-ils un autre
Testament que les livres des prophètes, qui, après
avoir traversé la double captivité d'Israël et de Juda,
continuèrent à exister jusqu'au temps de notre Sauveur, et desquels, en prêchant aux Juifs endurcis, il
tirait la plupart de ses témoignages, comme nous le
fait voir son Evangile? Le peuple des Juifs fut emmené en captivité par Nabuchodonosor. Cependant la
protection divine ne l'abandonna pas, et ne permit
pas qu'il fût dispersé, comme nous le voyons de nos
jours; Dieu l'établit tout entier dans le pays qu'il avait
déterminé. Non-seulement ce peuple portait avec lui
le Testament, mais il était accompagné encore par
quelques-uns des prophètes. Ainsi, Ezéchiel dit de
lui-même qu'il s'est trouvé sur les bords du fleuve
Kébar au milieu des captifs; ainsi les bienheureux
Ananiens ont été jetés à Babylone dans la fournaise;
ainsi Daniel, l'éminent, commença à Babylone sa carrière de prophète; c'est là qu'il fut jeté dans la fosse
aux lions; c'est aussi là que tous les événements de
l'histoire d'Esther ont eu lieu. Pour te convaincre que
les captifs portaient avec eux le Testament, je t'invite à
porter ton attention sur ce que le Saint-Esprit dit par
l'organe du Prophète dans les Psaumes, relativement
à l'esclavage des Juifs. Cet esclavage n'était pas encore arrivé; cependant il l'y annonce d'une manière
infaillible dans le psaume CXXXVI [1], en disant : « Nous

---

[1] Le texte arménien le portait ainsi, mais la version française indique
le psaume CXXXVII.

nous sommes assis auprès des fleuves de Babylone, et
nous y avons pleuré; nous souvenant de Sion, nous
avons pendu nos harpes aux saules, quand ceux qui
nous avaient emmenés prisonniers nous ont demandé
de chanter des cantiques et de les réjouir par le son
de nos harpes que nous avions pendues, en nous disant : Chantez-nous quelque chose des cantiques de
Sion.....»

Tu prétends que le Testament fut composé par le
génie humain, et je sais que tu attaques la seconde
édition qu'Esdras composa. Cet homme, cependant,
possédait la grâce du Saint-Esprit, et tout ce qu'il a
composé porte un cachet d'infaillibilité, ce qui est
prouvé par le fait que, quand tout le peuple, délivré
de la captivité, revint à Jérusalem en portant avec lui
le Testament, on vit alors l'œuvre miraculeuse de
Dieu, lorsqu'on le compara avec l'édition d'Esdras, et
qu'on trouva cette édition complétement conforme à
la première.

Tu as dit que les écrivains du Testament, en leur
qualité d'hommes, étaient exposés à manquer de mémoire; je conviens que tout homme est toujours et en
tout faible, imparfait et oublieux. Cependant Dieu,
qui est éternel, dont la puissance est grande et la sagesse sans bornes, parlait aux hommes par la voix
des prophètes, ses ministres. Lui, qui est exempt
d'oubli et de conjectures, c'est Lui qui parlait dans les
prophètes, sans avoir besoin de la sagesse humaine.
Mais toi, ton Mahomet, ne le regardes-tu point comme
un homme? Cependant, appuyé d'une simple parole
de Mahomet, tu dédaignes les témoignages si nombreux des saints de Dieu? Tu dis encore que Satan se
trouve près des serviteurs de Dieu; quant à Dieu lui-

même, il ne s'approche point d'eux, et les gens raisonnables savent bien qu'il s'approche plutôt d'une personne dépourvue complétement du témoignage des saintes Écritures que de tant de gens saints et recommandables. Pour ce qui concerne les saintes Écritures, cela suffit.

En disant qu'on ne peut pas trouver dans le Code mosaïque des traces du paradis, de l'enfer, de la résurrection et du jugement, tu ne veux pas comprendre que Dieu instruisait l'humanité à mesure que son intelligence se développait. Dieu ne s'est pas entretenu avec les hommes une seule fois, ni par un seul prophète, comme tu le prétends, en supposant que tout ce qui était nécessaire Dieu l'institua par le ministère de Moïse. Point du tout. Ce qu'il ordonna à Noé, il ne l'ordonna point à ceux qui vécurent antérieurement à lui ; tout ce qu'il ordonna à Abraham, il ne l'ordonna pas à Noé ; tout ce qu'il ordonna à Moïse, il ne l'ordonna pas à Abraham ; tout ce qu'il ordonna à Josué, il ne l'ordonna pas à Moïse ; et ce qu'il ordonna à Samuel, à David et à d'autres prophètes, dans chaque époque, il ne l'ordonna pas à Josué, et ainsi de suite, puisque, comme nous l'avons dit précédemment, Dieu a voulu se révéler ainsi peu à peu aux hommes auxquels il était impossible de percevoir et de s'approprier d'un seul coup cette merveilleuse connaissance. Or, si Dieu devait ordonner tout par un seul prophète, pourquoi alors en envoyait-il d'autres, ou s'il devait permettre que tout fût falsifié, comme tu le prétends, pourquoi alors l'ordonnait-il ? La révélation faite par Dieu à Moïse n'était qu'une sorte de préparation pour l'instruction des hommes, et non pas un enseignement complet ; toutefois, Dieu y fait mention de la résurrection, du jugement et de l'enfer. A propos de la résurrection, Dieu y dit : « Regardez, maintenant, c'est moi-même, et il n'y a point de Dieu avec moi ; je fais mourir, je fais vivre, je blesse et je guéris, et il n'y a personne qui puisse délivrer de ma main [1]. » A propos du jugement, il dit : « J'aiguise la lame de mon épée, et si ma main saisit le jugement, je ferai tourner la vengeance sur mes adversaires, et je le rendrai à ceux qui me haïssent [2]. » A propos de l'enfer : « Le feu enflammé, dit-il, de ma colère, les brûlera jusqu'aux enfers intérieurs [3]. » Ces doctrines ont reçu plus de développement et d'éclaircissement dans la suite, par d'autres prophètes.

Nous reconnaissons Matthieu, Marc, Luc et Jean pour les auteurs de l'Evangile, et pourtant je sais que cette vérité, reconnue par nous, chrétiens, te blesse, et que tu cherches à te trouver des complices de ton mensonge ; bref, tu soutiens que nous le disons écrit par Dieu et descendu des cieux, comme tu le prétends pour ton Forkan [4], quoique nous sachions que c'est Omar, Abou-Thourab et Salman [5] le Persan, qui l'ont com-

---

[1] Deutér. XXXII, 39.

[2] Idem, XXXII, 41.

[3] Jér. XVII, 4.

[4] Forkan, ou Al Forkan, est un des différents noms qu'on donne généralement au Koran ; ce mot, dérivé du mot arabe *fâraka*, signifie diviser ou distinguer, et Koran vient du verbe *karaa*, lire (*Panthéon littéraire. Les livres sacrés de l'Orient*. p. 485).

[5] L'auteur principal du Koran est Mahomet, prophète et législateur des Musulmans ; cependant ce fut Abou-Béker, son vicaire, qui fit faire la complète collection des divers passages, écrits sur des feuilles de palmier et sur des peaux, et il en confia la garde à Hafsa, fille d'Omar et veuve du Prophète. Othman, un autre calife, voyant qu'il existait de grandes différences dans les copies de Koran, ordonna de faire plusieurs exemplaires de celle d'Abou-Béker sous l'inspection de Zeid-Ebn-Thabet, d'Abd'Allah-Ebn-Zobair, de Sad-Ebn-Al-As, et d'Abd'Abrahman-Ebn-Al-Hareth, le Makzoumite (*Panthéon littéraire. Les livres sacrés de l'Orient*. p. 489).

posé ; cependant, on a répandu le bruit chez vous que Dieu l'avait fait descendre des cieux. Reconnais donc en cela la franchise des chrétiens, et quand nous la professons, comment oses-tu inventer des calomnies en prétendant qu'il a été introduit depuis dans l'Evangile des altérations, soit par nous, soit par d'autres ? Qu'est-ce qui pouvait nous empêcher d'en retrancher les noms des évangélistes, ainsi que d'y ajouter que c'est Dieu seul qui l'a fait descendre des cieux. Fais encore attention à ceci, que Dieu n'a pas voulu instruire le genre humain, ni par son apparition spirituelle, ni par la mission de ses anges ; il a choisi entre eux les prophètes qu'il leur envoya ; c'est pour cela que le Seigneur, après avoir terminé tout ce qu'il avait décidé antérieurement et annoncé par l'organe des prophètes avant son incarnation, sachant que l'humanité avait besoin de l'assistance de Dieu, promit de lui envoyer le Saint-Esprit sous le nom de *Paraclet* (consolateur), pour la consoler de la détresse et de la douleur qu'elle ressentait à cause du départ de son Seigneur et Maître ; je répète encore que c'était pour cette cause seulement que Jésus appela le Saint-Esprit du nom de Paraclet, car il devait consoler ses disciples de son départ et leur rappeler tout ce qu'il avait dit, tout ce qu'il avait fait devant leurs yeux, toutes choses qu'ils étaient appelés à propager dans tout l'univers par leurs écrits : or, *Paraclet* signifie *Consolateur*, tandis que Mahomet[1] veut dire « *eucharistie* ou *rendre grâces*, » ce qui n'a aucun rapport avec le mot *Paraclet*.

---

[1] Mahomet ou Mohammed est un mot d'origine arabe et signifie *loué, comblé de grâces*.

Ce blasphème est en effet impardonnable, comme le dit le Seigneur lui-même dans l'Evangile, que « le blasphème contre l'Esprit ne leur sera point pardonné[1]. » Y a-t-il un blasphème plus affreux que celui qui consiste à remplacer le Saint-Esprit par un individu ignorant complétement les saintes Ecritures ? Pour comprendre que le Seigneur parlait dans ce passage du Saint-Esprit, fais attention à ce qu'il y dit : « Le Consolateur, le Saint-Esprit, que le Père enverra en mon nom, vous enseignera toutes choses, et il vous rappellera le souvenir de toutes les choses que je vous ai dites[2]. » Peu après, il ajoute « que le Père enverra en mon nom; » tandis que ton Mahomet n'est pas venu au nom de notre Seigneur, mais en son propre nom. Jésus a promis le « Saint-Esprit » aux saints, c'est-à-dire à ses disciples, et non pas aux hommes en général, et tu sais bien que les disciples n'ont pu voir ton Mahomet. J'avais dit ci-devant que notre Créateur répandait successivement et peu à peu la lumière de sa connaissance par ses prophètes; cependant il n'a pas achevé même par eux toute la justice éternelle à venir. Par le ministère du prophète Daniel, Dieu nous indique trois périodes pour que le monde arrive à une connaissance très positive de Dieu. Il sort d'abord des ténèbres de l'idolâtrie, et il arrive à un certain degré de connaissance par la Loi, de là à la lumière plus éclatante de l'Evangile du Christ, et enfin de l'Evangile à la lumière perpétuelle du monde à venir. Aucun des prophètes n'a annoncé au monde une quatrième période, soit pour la doctrine, soit pour les

---

[1] Matthieu XII, 31.
[2] Jean XVI, 26.

promesses; au contraire, nous sommes prevenus souvent par notre Sauveur de n'admettre aucun autre prophète ni aucun apôtre après la mort de ses disciples.

Tu prétends, en outre, qu'après la mort des disciples du Seigneur nous avons été divisés en soixante-douze parties; ce n'est pas vrai, et tu ne penses pas à te consoler à l'aide d'un mensonge. Je vais expliquer cela : Au dire des tiens, il y a cent ans à peine, un peu plus ou un peu moins, que votre religion a paru au sein d'une seule nation parlant une seule langue; cependant cette religion, si jeune encore et professée par une seule nation[1], présente déjà des schismes très nombreux dont nous ne rapporterons ici que quelques uns qui sont parvenus à notre connaissance, les voici : la secte de Qouaz[2], celle des Djobbâiens[3] ou de Sabar, de Thourab[4], des Kadariens[5],

---

[1] Il me parait que, dans cette circonstance, l'empereur grec se trompe, puisque à cette époque l'islamisme était professé, outre les Arabes, par les Persans, par les Égyptiens, par les Syriens et par d'autres peuples encore.

[2] Si mes recherches sont exactes, ce sont les sectateurs de Khoréjites qui se séparèrent d'Ali, la 37e année de l'hégire. Ils attribuaient à Dieu le bien comme le mal, et avaient une opinion erronée concernant la prédestination.

[3] Sectateurs d'Abou-Ali-Mahomet-Ebn-Abd-Al-Vahhab, surnommé Al-Djobbaï; il soutenait *que Dieu connaît par son essence*, etc.; entendant par là qu'affirmer que Dieu est connaissant, ce n'est pas lui donner un attribut, tel que la connaissance, ni lui assigner un état qui rende obscur cette connaissance nécessaire. Il soutenait que la parole de Dieu était créée *in subjecto*, comme sur une table conservée, par exemple, ou dans la mémoire de l'ange Gabriel, ou dans celle de Mahomet (*Panthéon littéraire. Les livres sacrés de l'Orient*. p. 528).

[4] Nom très commun dans le monde musulman, cependant je n'ai pas pu trouver que l'auteur d'une secte quelconque le portât.

[5] Kadariens, parce qu'ils nient *al kadr* ou *le décret absolu* de Dieu. Cette secte rejette la prédestination absolue, disant que le mal et l'injustice ne doivent point être attribués à Dieu, mais à l'homme, qui est un agent libre, et qui peut en conséquence être puni ou récompensé de ses actions, Dieu lui ayant donné le pouvoir d'agir ou de n'agir pas. (*Panthéon littéraire. Les livres sacrés de l'Orient*. p. 529.)

des Morgiens[1], de Vâsel[2], des Djâhediens[3], qui nient également l'existence de Dieu et la résurrection avec ton prétendu Prophète, et des Harures[4]. Une partie de ces sectaires est assez paisible; mais les

[1] Les Morgiens, appelés dans notre texte Mourdjs, qui dérivent à ce que l'on dit des Djâbbariens. Ils enseignent que le jugement de tout vrai croyant qui a été coupable d'un grand péché sera renvoyé jusqu'à la résurrection; c'est pour cela qu'ils ne jugent point dans ce monde et ne prononcent sur lui aucune sentence, soit d'absolution, soit de condamnation. Ils soutiennent aussi que la *désobéissance* ne court point risque d'etre punie si on a la foi, et, d'un autre côté, que l'obéissance avec l'infidélité ne sert de rien (*Panthéon littéraire. Les livres sacrés de l'Orient.* p. 532).

[2] Vâsel-ben-Ath, ou Vâsel-Ebn-Atâ, suivant M. G. Sale, célèbre docteur de l'Islamisme, qui, s'élevant contre Hanbal, autre docteur distingué, pendant le règne de Mamoun, fit adopter dans les écoles publiques son opinion sur le Koran, en disant qu'il participe de la nature humaine, qu'il est créé et périssable. (*Les Hommes illustres de l'Orient*, t. 1, p. 214.) Les sectateurs de Vâsel-Ebn-Atâ soutenaient que des grands pécheurs se trouvent dans un état mitoyen, c'est-à-dire qu'ils n'étaient ni infidèles ni croyants, et ils sont connus sous le nom de Motazalites. (*Panthéon littéraire. Les Livres sacrés de l'Orient,* p. 527.)

[3] La secte des Djâhedhiens ou sectateurs d'Amrou-Ebn-Barh, surnommé Al-Djâhedh, grand docteur des Motazalites, et fort admiré pour l'élégance de ses compositions. Il différait de ses frères en ce qu'il croyait que les damnés ne seraient pas tourmentés dans l'enfer pendant toute l'éternité, mais seraient changés en feu, et que le feu les attirerait de lui-même sans qu'il fût nécessaire qu'ils allassent dans le feu. Ils enseignent aussi que tout homme qui croirait que Dieu était son Seigneur et que Mahomet était l'apôtre de Dieu, serait mis au rang des fidèles, sans être tenu à quoi que ce soit de plus. (*Panthéon littéraire. Les Livres sacrés de l'Orient,* p. 528.)

[4] Sous le nom de Harures je n'ai pu trouver aucune secte fameuse aux premières époques de l'Islamisme, et je pense qu'au lieu de Harures il faut lire Khorrem (Bâber-al-Horremi) qui, en l'an 201 de l'hégire, et par conséquent au temps de Léon l'Isaurien ou un peu après, se donna le titre de Prophète et établit une religion extravagante. A la tête de ses prosélytes il fit la guerre pendant vingt ans contre les califes, et il défit souvent les troupes d'Al Mamûn; défait enfin dans une bataille, il s'échappa sur le territoire grec, et, fait prisonnier par Sabel, officier arménien, il fut remis entre les mains du calife Al-Motazem, qui le fit mourir d'une manière ignominieuse. Outre Khorrem on trouve chez les Mahométans, dans un temps antérieur, une autre secte sous le nom de Halûliens, qui croyaient que la nature divine pouvait être unie avec la nature humaine dans une même personne; car ils convenaient que Dieu pourrait paraître sous une forme humaine, comme a paru l'ange Gabriel; et pour confirmer leur opinion, ils allèguent la parole de Mahomet, qui vit *son Seigneur sous une très belle forme*, et à l'exemple de Moïse, parlait à Dieu *face à face*. *Panthéon littéraire. Les Livres sacrés de l'Orient.* p. 532 et 534.)

autres sont tellement animés contre vous qu'ils ne vous qualifient que d'infidèles et d'ennemis; qu'ils préfèrent à toute autre justice l'assassinat commis sur vos personnes, et regardent la mort reçue de vos mains pour la première des œuvres méritoires; de pareils actes se font habituellement parmi vous. Quant à toi, en exterminant ceux qui diffèrent un peu de tes opinions, tu ne penses nullement commettre un crime devant Dieu; or, si de pareils actes se passent chez vous, qui ne formez qu'un seul peuple parlant une seule langue et ayant à votre tête une seule personne, qui est en même temps le chef, le souverain, le pontife et le bourreau, serait-il étonnant, si la foi chrétienne était une invention quelconque de la sagesse humaine, qu'elle devint pire que la vôtre? Cependant voilà environ 800 ans que Jésus-Christ a paru, et que son Evangile a été propagé d'un bout de l'univers à l'autre parmi tous les peuples et toutes les langues, depuis les pays civilisés de la Grèce et de Rome jusqu'aux pays lointains des Barbares; et s'il se trouve (entre les Chrétiens) quelque divergence, la cause en est dans la différence des langues; j'ai dit quelque *divergence*, et jamais une hostilité acharnée comme celle que l'on voit enracinée parmi vous. Il paraît que sous ce nombre de soixante-douze tu entends tous les voluptueux, les impurs, les immondes et les impies qui se conduisent comme des païens, et au nombre desquels tu nous renfermes nous-mêmes; mais ce sont des gens qui déguisent sous le très saint nom du Christ leurs abominations en se donnant pour des Chrétiens, et dont la foi n'est qu'un blasphème et le baptême une souillure; et lorsqu'ils manifestent leur intention d'abandonner leur détestable vie, la sainte

Eglise ne les reçoit dans son sein qu'en leur administrant le baptême comme aux autres païens, et il y a déjà longtemps que Dieu les a fait disparaître complétement, de sorte qu'on ne les voit plus. Quant à nous, nous sommes habitués à désigner les chrétiens comme formant soixante-dix races, qui toutes ont reçu le saint baptême, gage de la vie éternelle; et s'il s'agite dans leur sein quelque question de peu d'importance, spécialement parmi ceux qui vivent loin de nous et qui parlent une langue autre que la nôtre, surtout qui sont tombés sous votre tyrannie, ils n'en sont pas moins chrétiens et n'ont pas besoin d'être rebaptisés. Au reste, il n'est pas étonnant que les chrétiens étrangers et éloignés n'aient pu acquérir une connaissance plus approfondie des traditions de la vérité, comme ils devraient l'avoir. Cependant les saintes Ecritures sont les mêmes, conservées intactes dans chaque langue; l'Evangile est le même, sans aucune variation; je laisse donc de côté les diverses langues dans lesquelles la merveilleuse et salutaire religion chrétienne a été répandue; j'en indique seulement quelques-unes : 1° notre langue grecque, 2° la latine, 3° celle des Badaliens[1], 4°[2]. 5° celle des Syriens, 6° celle des Éthiopiens, 7° celle des Indiens, 8° celle des Sarrazins qui est la vôtre, 9° celle des Persans, 10° celle des Arméniens, 11° celle des Géorgiens, et 12° celle des Albanais. Supposons donc que suivant ton dire un ou deux de ces peuples ait intro-

---

[1] Il paraît que cette langue était en usage à cette époque sur les côtes orientales de la mer Noire et appartenait à la famille géorgienne. Actuellement elle est morte. (*Chronique géorgienne*. p. 108-109. Kiaproth. Reise II, p. 5.)

[2] La quatrième langue manque dans le texte arménien. Est-ce celle des Chaldéens ou des Coptes?

duit des changements dans les livres de sa langue,
comment peut-on supposer que ces changements se
retrouvent aussi dans les livres des autres peuples habitant, comme tu le sais, très loin de nous, et différant
de nous par leur langue particulière et par leurs habitudes. Quant à vous, vous avez déjà donné des exem-
ples de ces falsifications, et on connaît entre autres un
nommé Hadjadj, nommé par vous gouverneur en
Perse, qui fit ramasser tous vos anciens livres qu'il
remplaça par d'autres livres composés par lui-même,
suivant son goût, et qu'il propagea partout dans votre
nation, parce qu'il était beaucoup plus facile d'entreprendre une pareille œuvre au sein d'un seul peuple
parlant une seule langue. De cette destruction s'é-
chappa cependant un petit nombre des ouvrages d'A-
bou-Thourab, car Hadjahj ne put les faire disparaître
complétement.

Quant à nous, cela nous était impossible; d'abord,
parce que Dieu nous a défendu expressément de songer jamais à une entreprise si audacieuse; ensuite,
parce que si même quelqu'un osait agir contre la défense de Dieu, il lui aurait été impossible de faire ramasser tous les livres répandus dans tant de langues
différentes, de se procurer et de réunir des interprètes
habiles, ensuite de faire examiner les livres par ces
interprètes, pour y ajouter ou y retrancher à son gré.
Au reste, tu n'ignores pas non plus, puisque tu en
fais mention, qu'il existe parmi les chrétiens une sorte
d'inimitié, quoique à propos de questions peu importantes, mais qui pourraient également inspirer à
chaque nation le désir de faire introduire des changements dans des livres de sa langue, suivant ses opinions. Cependant, cela n'a pas eu lieu ni parmi ceux

qui se trouvent loin de nous, ni parmi ceux qui habitent dans notre voisinage. Cesse donc de multiplier ces impostures, de peur que tu ne rendes inutile le peu de vérité que tu avances.

Une chose qui m'étonne, du reste, excessivement, c'est qu'après avoir manifesté tant de dédain à l'égard de l'Evangile de notre Seigneur et des livres de prophètes, les regardant comme falsifiés et recomposés par des hommes suivant leurs idées, tu ne cesses cependant, pour appuyer tes opinions inconstantes, d'y puiser des citations que tu tords et que tu modifies à ton gré. Toutes les fois, par exemple, que tu y rencontres le mot *Père*, tu le remplaces par celui de *Seigneur*; et quelquefois de *Dieu*. Si c'est dans l'intérêt de la vérité que tu y fais des recherches, il te faut, avant de les citer, respecter les Ecritures, ou si tu les dédaignes comme corrompues, il ne te convient pas d'en faire des citations. Tu es obligé de les citer telles que tu les trouves dans les livres, sans les modifier à ta manière.

Il est en effet très difficile aux serviteurs de Dieu, qui sont soumis à ses ordres, d'avoir quelque relation avec vous; les païens, en entendant les noms des prophètes ou des apôtres, se mettent à rire; vous autres, quoique vous ne méprisiez pas leur noms, vous tournez en ridicule leurs paroles. Cependant, pouvons-nous nous dispenser de vous citer les passages suivants, adressés à Moïse : « Je suis l'Eternel... le Dieu d'Abraham, le Dieu d'Isaac et le Dieu de Jacob[1]. » « Faisons l'homme à notre image, selon notre ressemblance[2]. » « Venez donc, descendons et confon-

---

[1] Exode III, 14.
[2] Genèse I, 26.

dons là leur langage[1]. » Encore : « L'Eternel fit pleu-
voir des cieux, sur Sodome et sur Gomorrhe, du soufre
et du feu de la part de l'Eternel[2]. » Je les tire des
livres de Moïse que vous n'avez pas lus, ni toi ni
ton législateur. Quoi! crois-tu que c'est aux anges,
qui n'osent pas le regarder, que l'Eternel adresse les
paroles ci-dessus mentionnées? Nous ne nous permet-
tons pas de penser, comme tu le fais si souvent, que
de pareils passages de la sainte Ecriture soient vides
et futiles. A qui donc convenait-il que Dieu adressât
ces paroles, si ce n'est à sa Parole, image de sa substance et rayon de lumière de sa gloire, et au Saint-
Esprit qui sanctifie et éclaire tout; et pourtant nous
sommes accusés par vous de reconnaître trois dieux?

Le soleil est-il différent des rayons qui en dérivent?
Oui, sans doute. Cependant, retranche ces rayons, ce
n'est plus le soleil; et si quelqu'un disait que les rayons
naissent directement du soleil, de lui seul, sans le con-
cours d'aucune puissance, à la différence des généra-
tions humaines qui procèdent de l'accouplement des
sexes; en un mot, qu'il les tire de sa propre substance;
certes, celui qui dirait cela ne se tromperait pas. En
effet, quoique le soleil soit autre chose que ses rayons,
leur union ne fait pas deux soleils. Et toi-même, n'est-
ce point là ton opinion? Or, si cette lumière visible et
créée, cette lumière qu'obscurcit la nuit, qu'intercepte
la hauteur des édifices, nous semble procéder d'une
naissance si pure, quelle sera donc la pureté de la
naissance divine, elle qui procède de cette lumière
dont rien ne ternit l'éternel éclat.

J'ai été forcé d'emprunter cet exemple pour te con-

---

[1] Genèse XI, 7.
[2] Idem. XIX, 24.

vaincre, parce qu'il m'a paru que tu apportes peu
d'attention à ce que Dieu nous ordonne dans les
saintes Écritures. Tu leur préfères ta volonté; tu en
prends ce qu'il te plaît, sans craindre de les modifier
à ton caprice et de changer ce qui n'est point dans tes
vues. Qu'il soit maudit, l'homme qui admet deux ou
trois divinités, émanées d'origine différente. Pour nous,
nous ne connaissons qu'un seul Dieu, Créateur des
cieux et de la terre; un Dieu intelligent, dont la parole toute sainte et pleine de raison a créé tous les
êtres et les gouverne. Et cette parole n'est point comme
la nôtre, qui, tant qu'elle n'est point sortie de nos
bouches reste incompréhensible aux autres, et dès
qu'elle en est sortie, se décompose et se dissipe. C'est
cette parole que nous reconnaissons pour la Parole de
Dieu, par le rayon de 'a lumière que rien ne ternit,
rayon qui n'est pas simplement comme ceux du soleil, mais d'une qualité si éminente qu'elle déconcerte
l'intelligence et échappe à l'explication. C'est cette
parole que l'Écriture divine appelle Fils de Dieu, engendré par lui, non point sous l'empire d'une passion
terrestre, mais comme les rayons naissent du soleil,
comme la lumière sort du feu, et comme la parole
émane de la raison. En somme, voilà ce que le langage humain est capable de dire à propos de la Pa-
role-Dieu émanée de Dieu et de leur cosubstance.

Puis, parmi toutes les créatures il n'y a aucun être
plus précieux devant Dieu que l'homme, ce que tu
avoues toi-même en ajoutant que Dieu ordonna aux
anges de se mettre à genoux devant Adam, fait inconnu dans les saintes Écritures. Adam était homme,
et en lui rendant un pareil témoignage, tu as bien accusé ton orgueil; qu'on sache donc maintenant quelle

place doivent occuper ceux qui ne veulent pas rendre hommage à l'homme, selon ta propre expression. Il est évident qu'Adam fut créé à l'image de Dieu ; cependant crois-tu que ce fut son corps matériel et plein d'infirmités que Dieu créa à son image? Point du tout ; c'étaient au contraire l'âme, la raison et la parole que Dieu a créées à la ressemblance de son Esprit et de sa Parole. L'homme créé de cette manière, et recevant de plus l'honneur de l'indépendance, devint l'image de Dieu ; mais, trompé ensuite par le tentateur, il fut dépouillé de l'honneur auquel il était destiné par son Créateur, et, méprisé pour son coupable oubli, il s'abandonna à une vie extrêmement blâmable de débauche et de luxure. La volupté devint son occupation unique, et toute sa vie ne présenta plus qu'un tissu de haine, de rapine, d'assassinats et d'avidité. Il a fini par se plonger dans l'idolâtrie, qui est le comble de toutes les iniquités, et dans une telle volupté qu'il me répugne d'en parler ici. Dans son égarement il s'est mis à rendre un culte, non-seulement à des êtres fantastiques et visibles, mais encore à ses vices, à l'adultère, à la sodomie, auxquels il a rendu les honneurs divins ; c'est ainsi que le tentateur est parvenu à réduire l'humanité à ce point de dégradation, et il triomphe se voyant adoré sous la forme des idoles du paganisme, et excitant de plus en plus l'homme voluptueux à ce culte pervers par des augures et des talismans trompeurs.

Dieu voyant son image si dégradée par l'adoration rendue au tentateur, et par l'avilissement où l'homme était tombé en faisant ce qui plaisait à Satan, se laissa toucher de compassion pour la misère de l'homme, car il est le seul véritable bienfaiteur et ami de l'humanité ; mais comme il n'existait d'autre chemin de salut pour l'homme

que celui de connaître son Créateur et de s'éloigner
de son ennemi, dans ce but, il se manifesta à l'humanité en se faisant connaître d'abord par l'intermédiaire
des prophètes, ses ministres, comme par une lumière
qui brillait peu à peu au sein des ténèbres du paganisme. L'aveuglement de l'esprit de l'homme était si
grand qu'il ne pouvait pas contempler à la fois complétement toute la lumière de la connaissance de Dieu;
c'est pour cette cause que Dieu commença, comme je
l'ai rapporté ci-devant, à l'éclairer peu à peu jusqu'à
ce que le temps fixé arrivât. Ainsi Dieu éclaira l'homme
tant qu'il le trouva bon, et il lui promit d'avance, par
l'organe des prophètes l'avénement de sa Parole incarnée qui devait revêtir notre corps, notre âme et tout
ce qui est propre à l'homme, sauf le péché.

Toutefois, comme personne d'entre tous les hommes
n'a pu descendre plus bas que lui dans l'humiliation,
nous lui attribuons tout ce qui est dit de son abaissement; et, en retour, tout ce qui est dit de sa gloire, nous
le lui attribuons comme à Celui qui est véritablement
Dieu. Tu te rappelles probablement ce que nous avons
rapporté ci-dessus des livres de Moïse, concernant l'éga-
lité de la Parole avec Dieu lui-même; écoute, maintenant, ce que dit encore Moïse, relativement à la future
apparition de la Parole revêtue du caractère humain :
« L'Eternel, ton Dieu, te suscitera un prophète d'entre
tes frères, vous l'écouterez comme moi... et il leur dira
tout ce que je lui aurai commandé. Et il arrivera que quiconque n'écoutera pas mes paroles, lesquelles il aura
dites en mon nom, je lui en demanderai compte [1]. » On
sait, au reste, que depuis la mort de Moïse, au lieu d'un

---

[1] Deut. XVIII. 15. 18. 19.

seul prophète, il y en parut un très grand nombre ; cependant, le passage qui nous occupe ne devait s'appliquer qu'à un seul : savoir, à celui qui serait le plus puissant et qui annoncerait des choses difficiles à croire. Je vais te citer maintenant une multitude de passages des prophètes indiquant l'avénement du Christ, et je préfère te proposer d'abord ceux qui en parlent dans des termes humiliants, convaincu que tu les accueilleras avec beaucoup de plaisir. J'espère que je parviendrai à te faire monter, de cette manière, si Dieu le veut, comme par un escalier, des profondeurs de cette terre jusqu'aux lieux les plus élevés, en la présence même de Dieu. David, en parlant de lui, dit comme étant à sa place : « Mais, moi, je suis un ver et non point un homme, l'opprobre des hommes et le méprisé du peuple. Tous ceux qui me voient se moquent de moi ; ils me font la moue, ils branlent la tête. Il s'abandonne, disent-ils à l'Eternel ; qu'il le délivre et qu'il le retire, puisqu'il prend son bon plaisir en lui [1]. » Cette prophétie ne s'est pas accomplie en David, mais en la personne du Seigneur, pendant qu'il était attaché à la croix. Le même David parle du Christ dans des termes éminents : « L'Eternel m'a dit : Tu es mon fils, je t'ai aujourd'hui engendré [2]. » Pour indiquer la conversion complète de tous les païens dans la foi chrétienne, le même prophète ajoute : « Demande-moi, et je te donnerai pour ton héritage les nations, et pour ta possession les bouts de la terre [3]. » Voici un autre passage encore : « L'Eternel a dit à mon Seigneur : Assieds-toi à ma droite jusqu'à ce que j'aie

[1] Psaume XXII, 6-8.
[2] Idem, II, 7.
[3] Idem, II, 7 et 8.

mis les ennemis pour le marche-pied de tes pieds... Ton peuple sera un peuple de franche volonté, au jour que tu assembleras ton armée en sainte pompe, la rosée de ta jeunesse te sera produite du sein de l'aube du jour[1]. » Le même prophète s'exprime ainsi sur l'unité de la nature divine (de la sainte Trinité siégeant dans les cieux) : « La terre est remplie de la gratuité de l'Eternel, les cieux ont été faits par la Parole de l'Eternel, et toute leur armée par le souffle de sa bouche[2]. » Jérémie s'exprime ainsi : « Le Seigneur m'envoya et son Esprit. » Il dit aussi, à propos de l'incarnation de la Parole de Dieu : « Il est notre Dieu, et il a trouvé tous les chemins de la sagesse, et l'a donnée à Jacob, son serviteur, et à Israël, son favori; puis il parut au monde et marcha avec les hommes. » Le prophète indique, dans ce passage, deux espèces de lumière : la première est celle de son extrême abaissement par laquelle il éclaira l'univers tout entier, en y propageant les rayons de la connaissance de Dieu, et la seconde celle de la résurrection générale qu'il annonce au peuple hébreu, en l'exhortant à rester fidèle au premier lever de la lumière, et à ne pas se révolter contre elle (comme cela eut lieu réellement), de peur que les étrangers, c'est-à-dire que les païens n'entrent dans la possession de leur gloire. » Il leur dit donc : « Retourne à Jacob, et saisis-toi de lui pendant la naissance de sa première lumière, ne donne pas ta gloire et ton intérêt à un autre. »

J'appelle ton attention sur ce passage; le prophète y annonce non-seulement la future incarnation de la Parole de Dieu, mais il y prédit aussi, de la manière

[1] Psaume, CX. 1 et 3.
[2] Psaume XXXII. 5 et 6.

la plus claire, la révolte future du peuple charnel d'Israël. Cette prophétie ne nous empêche pas d'en recevoir encore une autre, faite, malgré lui, par un homme
étranger, et mentionnée par Moïse : « Que les taber-
nacles sont beaux, ô Jacob ! et tes pavillons, ô Israël ! »
Il ajoute un peu après : « L'eau distillera de ses eaux,
et sa semence sera parmi les grandes eaux, et son
roi sera élevé par-dessus Agag, et son royaume sera
haut élevé. » Encore : « Je le vois, mais non pas maintenant ; je le regarde, mais non pas de près. Une étoile
naîtra de Jacob, et un sceptre s'élèvera d'Israël : il
transpercera les chefs de Moab et détruira tous les enfants de Seth[1]. » Cette prophétie parle de lui comme
d'un homme. Cependant, tu vois bien qu'elle indique
d'une manière précise la future domination qu'il doit
exercer sur tous les païens, c'est-à-dire que tous les
peuples devront croire en lui, comme tu le vois toi-
même. Sous le nom des chefs de Moab, on peut entendre Satan avec tous ses démons, entretenant au
sein des peuples le culte menteur de l'idolâtrie, mais
finalement battus et remplacés par le Christ, parce
que le polythéisme des Moabites et des peuplades
soumises à leur domination était plus détestable que
celui de tous les autres peuples, puisqu'ils adoraient,
entre autres, les parties génitales de la femme et de
l'homme, instruments de la plus détestable volupté.
Quant à ce qu'il est dit qu'il « sera élevé par-dessus
Agag, » il faut se rappeler que, quelle que soit l'étendue d'Agag et sa force, sa puissance n'est que temporaire, tandis que celle du Christ est éternelle. Que
tel soit réellement l'empire du Christ, tu le verras, si

tu fais attention aux paroles du Saint-Esprit à cet égard, lorsqu'il dit par l'organe du roi David : « O Dieu ! donne tes jugements au roi et ta justice au fils du roi ! » Cela montre que le Christ était par sa divinité Fils de Dieu, roi céleste, et par son caractère humain fils de David, roi terrestre, comme nous te l'avons dit souvent. Un peu après, le prophète ajoute : « Ils te craindront tant que le soleil et la lune dureront dans tous leurs âges... même il dominera depuis une mer jusqu'à l'autre, et depuis le fleuve jusqu'aux bouts de la terre... Tous les rois aussi se prosterneront devant lui, toutes les nations le serviront... On fera des prières pour lui continuellement et on le bénira chaque jour... Sa renommée durera à toujours, sa renommée ira de père en fils, tant que le soleil durera, et on se bénira en lui : toutes les nations le publieront bienheureux [1]. » Après avoir entendu des expressions si sublimes, quelqu'un peut-il, sans effroi, les attribuer à un homme ordinaire, descendant de David, et non à celui qui, dans sa nature humaine, est fils de David, et dans sa nature divine est le Fils et la Parole de Dieu, et qui à la fin doit régner, non par la force des armes, ni par l'effusion impitoyable de sang, ni par l'esclavage, mais par la foi pacifique, ce qu'indique plus clairement le passage suivant des Psaumes : « En son temps, le juste fleurira, et il y aura abondance de paix jusqu'à ce qu'il n'y ait plus de lune [2]. » Dieu continue à annoncer le Messie par l'organe du prophète Michée, en ces termes : « Mais, toi, Bethléhem Ephrata, petite pour être entre les milliers de Juda, de toi me sortira quelqu'un pour être dominateur en

Israël, et ses issues sont d'ancienneté dès les jours éternels [1]. » L'issue d'un simple homme peut-elle être datée dès les jours éternels ? Voici encore une prédiction que Dieu nous fait par l'organe de Jérémie : « Le cœur est rusé et désespérément malin par-dessus toutes choses. Qui le connaîtra ? Eternel ! qui es l'attente d'Israël, tous ceux qui t'abandonnent seront honteux ; ceux qui se détournent de moi seront écrits en la terre, parce qu'ils ont délaissé la source des eaux vives, l'Eternel [2].

Sous le nom d'Israël, on ne doit pas comprendre les Juifs obstinés, mais ceux qui ont vu la Parole de Dieu, et qui ont cru qu'elle était Dieu engendré de Dieu, parce que, dans la langue hébraïque, le mot Israël signifie *clairvoyant* [3]. Cette explication est donnée à ce mot par Dieu lui-même, dans un passage d'Isaïe où Il dit : « L'Enfant nous est né, le Fils nous a été donné et l'empire a été posé sur son épaule, et on appellera son nom l'Admirable, le Conseiller, le Dieu fort et puissant, le Père d'éternité, le Prince de paix, l'*Ange de grand mystère* [4]. » Il s'appelle *Ange* [5] par motif de son caractère humain, complétement pur, admirable ; *Conseiller* et *Dieu fort* sont les expressions de sa nature divine. Ensuite le prophète ajoute : « Il n'y aura point de fin à l'accroissement de l'empire et à la prospérité sur le trône de David, et sur son règne, pour l'affermir et l'établir en jugement et en justice, dès à présent et à toujours [6]. » On sait cependant que

---

[1] Michée V, 2.

[2] Jérémie XVII, 9, 13.

[3] Le mot Israël, dérivé du mot hébraïque *sara*, signifie au contraire *combattre* ; ce nom fut donné, selon la Bible, à Jacob, après sa lutte avec l'Ange.

[4] Esaïe IX, 5.

[5] Les versions grecque et arménienne portent « Ange de grand mystère. »

[6] Esaïe IX, 6.

Jésus n'est pas monté sur le trône de David, qu'il n'a point régné sur Israël, parce qu'il ne s'agissait pas d'un trône passager, mais de celui dont Dieu avait parlé à David en ces termes : « Je rendrai éternelle sa prospérité, et je ferai que son trône sera comme les jours des cieux[1]. » On pourrait demander maintenant quel est ce trône de David, comment il est éternel et comme les jours des cieux ; mais c'est, sans aucun doute, l'empire céleste du Christ, qui selon sa nature humaine, était fils de David, comme cela a été annoncé d'une manière précise par l'organe d'Isaïe : « Il n'y aura point de fin à l'accroissement de l'empire et à la prospérité sur le trône de David et sur son règne, pour l'affermir et l'établir en jugement et en justice, dès maintenant et à toujours. » Ce passage nous fait voir que le plus puissant et le plus glorieux empire du Christ, fils de David par sa nature humaine, sera dans les cieux où il transportera son royaume éternel et inaccessible. Il ne faut pas non plus négliger ce que dit Isaïe à cet égard : « Voici une vierge qui sera enceinte, et elle enfantera un fils, et appellera son nom Emmanuel[2]. » J'avais encore beaucoup d'autres passages à citer pour ce sujet ; cependant, j'ai préféré les abréger pour ne pas t'ennuyer. Maintenant écoute, s'il te plaît, quelques citations, à propos de son extrême humiliation dans les souffrances qu'il supportera spontanément, selon l'indication antérieure des prophètes. Le Saint-Esprit parle ainsi par l'organe d'Isaïe : « Je n'ai point été rebelle et ne me suis point retiré en arrière. J'ai exposé mon dos à ceux qui me frappaient, et mes joues à ceux qui me tiraient le

---

[1] Psaume LXXXIX. 29.
[2] Esaïe VII. 14.

poil. Je n'ai point caché mon visage en arrière des opprobres ni des crachats[1]. » Il parle encore par l'organe de Zacharie : « Et je leur dis : S'il vous semble bon, donnez-moi mon salaire ; sinon, ne me le donnez pas. Alors ils pesèrent mon salaire, qui fut trente pièces d'argent[2]. » Cette prédiction, avec toutes les autres, fut accomplie sur la personne du Sauveur ; il fut vendu par son disciple, et livré à la mort, dont les évangélistes nous ont conservé le récit, que tu peux lire et examiner soigneusement si tu le veux, et tu le trouveras tel que nous l'avons présenté. Entre beaucoup d'autres, David prédit ainsi les souffrances du Christ. » Celui, dit-il, qui était en paix avec moi, sur lequel je m'assurais, et qui mangeait mon pain, a levé le talon contre moi[3]. » Isaïe parle du même sujet d'une manière plus détaillée : « Qui est-ce qui a cru à notre prédiction, et à qui est-ce qu'a été visible le bras de l'Eternel? Toutefois, il est monté comme un rejeton devant lui, et comme une racine sortant d'une terre altérée ; il n'y a en lui ni forme ni apparence quand nous le regardons ; il n'y a rien en lui, à le voir, qui fasse que nous le désirions. Il est le méprisé et le rejeté des hommes, homme de douleurs, et sachant ce que c'est que la langueur ; et nous avons comme caché notre visage arrière de lui, tant il est méprisé, et ne l'avons rien estimé. Mais il a porté nos langueurs et il a chargé nos douleurs ; et nous avons estimé qu'étant ainsi frappé il était battu de Dieu et affligé. Or, il était navré pour nos forfaits et froissé pour nos iniquités. L'amende qui nous apporte la paix

[1] Esaïe L, 5 et 6.
[2] Zacharie XI. 12
[3] Esaïe. XLI. 9

a été sur lui, et par sa meurtrissure nous avons la guérison. Nous avons tous été errants comme des brebis; nous nous sommes détournés, chacun en suivant son propre chemin; et l'Eternel a fait venir sur lui l'iniquité de nous tous. Chacun lui demande, et il en est affligé; toutefois, il n'a point ouvert sa bouche; il a été mené à la boucherie comme un agneau, et comme une brebis muette devant celui qui la tond, et il n'a point ouvert sa bouche. Il a été enlevé de la force de l'angoisse et de la condamnation; mais qui racontera sa durée? Car il a été retranché de la terre des vivants, et la plaie lui a été faite pour le forfait de mon peuple. Or, on avait ordonné son sépulcre avec les méchants, mais il a été avec le riche en sa mort, car il n'avait point fait d'outrage, et il ne s'est point trouvé de fraude en sa bouche[1]. » Tu oses donc, en t'appuyant sur une simple parole de ton Mahomet, nier et démentir les témoignages si nombreux du Saint-Esprit rendus par les prophètes, ses ministres! Il te faut au moins te conformer aux prescriptions de ton législateur, qui ordonne de ne rien affirmer qui ne soit constaté par deux témoins; du reste, cette circonstance est une des plus importantes. Comment donc, tu n'as pas eu honte, appuyé d'un simple mot de ton prophète, de proférer un si éclatant blasphème? Est-ce que tu avais oublié (mais probablement tu ne la connais guère) cette énorme imposture accréditée par ton prophète, suivant laquelle Marie, fille d'Amram et sœur d'Aaron, serait la mère de Notre-Seigneur, tandis que, entre la première et la seconde, il y a la distance de 1,370 ans et de trente-deux généra-

____

[1] Esaïe LIII, 1-9

tions? Si tu avais eu, en effet, la figure sensible et non
pas de pierre, tu aurais dû, en vérité, rougir pour
avoir proposé tant d'impostures complétement dé-
nuées de fondement. Le Christ, selon la promesse de
Dieu, devait sortir de la tribu de Juda, tandis que
Marie, fille d'Amram, appartenait à celle de Lévi.
Vos objections sont pleines d'inconséquences et n'offrent
qu'une multitude de grossières et d'inadmissibles faus-
setés. La source de tant de subterfuges, de contradic-
tions, n'est qu'une pure invention; mais je tâcherai bien,
à l'aide du petit sceau de la vérité, de la faire tarir.

Relativement au Code mosaïque, aux Psaumes et à
l'Evangile, tu prétends que les Hébreux et nous, nous
les avons altérés, quoique tu reconnaisses que ces livres
sont d'origine divine. Admettons que les nôtres aient
été falsifiés, corrompus; où se trouve le vôtre, auquel
tu ajoutes créance? Montre-nous d'autres livres de
Moïse, des prophètes, des psaumes de David ou de
l'Evangile, afin que nous puissions les voir. Oh! cette
imposture est des plus monstrueuses et des plus igno-
bles; du moins il t'aurait fallu ajouter que tu ne les as
pas vus. Mais toi, qui aime à fouiller dans l'Evangile
que nous possédons pour y trouver quelques citations
que tu produis en les forçant et les altérant, tu oses
encore prétendre que nous l'avons falsifié! Cite du
moins cet Evangile qu'avait connu ton législateur, alors
je serai convaincu que tu dis la vérité.

Il n'y a qu'une seule foi, dis-tu! Oui, sans doute, il
n'y a qu'une seule foi, qu'un seul baptême, et aucune autre foi ou commandement n'a été donné aux
hommes par Dieu. Puis tu nous reproches de ne pas
nous tourner en priant vers la région indiquée par
le Code, et de ne pas communier comme la législation

l'ordonne : cette objection est complètement vaine et pleine de folie. La région vers laquelle se tournaient les prophètes lorsqu'ils faisaient leurs prières n'est pas connue; c'est toi seul qui es porté à vénérer l'autel de sacrifice de païens, que tu appelles maison d'Abraham; l'Ecriture sainte ne nous dit nullement qu'Abraham soit allé jusqu'à l'endroit qui devint plus tard, par ordre de Mahomet, le centre d'adoration de tes coreligionnaires; quant au sacrement de la communion, tu auras ma réponse plus loin.

Nous examinerons, pour le moment, les différents passages de l'Evangile qui ont rapport à l'une de tes prétentions : Jésus-Christ, comme Dieu, n'avait pas besoin de prières; mais, comme homme, il en a fait pour nous apprendre à prier, à nous dont il partageait la nature : mais en priant il ne disait nullement ce que tu lui attribues. Il disait, au contraire : « Père! si tu voulais transporter cette coupe loin de moi. Toutefois que ma volonté ne soit point faite, mais la tienne[1]. » Par là Jésus constatait qu'il était vraiment homme, puisqu'il est essentiel de croire à la Parole de Dieu, homme parfait et Dieu; et quiconque la prive de l'une ou de l'autre de ces qualités, se prive également de l'espérance de posséder la vie éternelle. La vérité de l'Evangile et la fidélité des chrétiens se manifestent d'elles-mêmes, en conservant également intacts les traits les plus éminents comme ceux qui sont les plus humiliants (de la vie de Jésus-Christ); et si nos devanciers avaient eu, ou si nous avions la pensée de tenter d'introduire dans l'Evangile quelques variations, ne devions-nous y supprimer les traits humiliants? Jésus

[1] Luc XXII 42.

a dit : « Le Fils ne peut rien faire de soi-même ; mais le Père qui demeure en moi, c'est celui qui fait les œuvres[1] » Or, si tu crois que « le Fils ne peut rien faire de soi-même, » tu dois croire aussi que « le Père qui demeure en Lui est celui qui fait les œuvres. » De même, si tu crois à la peur dont il était saisi lors de sa mort vivifiante, et à la sueur dont il était couvert et qui n'était pas celle d'Adam, dont il avait dit avant son incarnation : « Tu mangeras ton pain à la sueur de ton visage[2] ; » enfin, si tu crois à l'assistance qui lui fut donnée par les anges, bien que ce ne fût pas pour l'encourager, mais pour dissiper l'opinion de ses disciples, qui le regardaient comme un simple homme, tandis qu'une pareille apparition leur faisait voir qu'à plusieurs titres il était au-dessus des conditions d'un simple homme ; si, je le répète, tu crois à tout cela, il te faut croire aussi à ce qu'il a dit dans le même livre : « Personne ne m'ôte ma vie, mais je la laisse de moi-même ; j'ai la puissance de la laisser et la puissance de la reprendre[3]. » Il n'a jamais dit, comme tu le prétends, que Dieu l'envoya vers l'univers, et qu'il retourne vers lui. » Au contraire, il a dit : « Le Père qui l'a envoyé est avec lui, » et il a ajouté : « Je suis issu du Père et je suis venu au monde, » et encore : « Je laisse le monde et je m'en vais au Père[4]. » Quant à toi, dans tous ces passages que je viens de citer, partout où tu rencontres le mot Père, tu le changes, tu le remplaces, soit par le mot Seigneur, soit par le mot Dieu, et tu t'imagines pouvoir te justi-

[1] Jean V, 19 ; XIV, 10.
[2] Genèse III, 19.
[3] Jean X, 18.
[4] Idem, XIV, 28 et 32.

lier de cette manière. Au milieu des modifications trompeuses que tu opères dans les Ecritures, il est cependant un passage que tu cites avec une certaine fidélité, mais sans y avoir ajouté foi; ce passage le voici : « Celui qui croit en moi ne croit pas seulement en moi, mais en celui qui m'a envoyé[1]. » Ce qui veut dire que ce n'est pas en son caractère humain et visible qu'on croit, mais en son caractère divin en tant qu'il est la Parole de Dieu. Puis Il ajoute ce qui suit : « Celui qui me rejette rejette celui qui m'a envoyé, » et : « Celui qui me contemple contemple celui qui m'a envoyé[2]. » Il fut envoyé comme homme, et Il envoie ses disciples, comme Dieu, en leur disant que « le Père est plus grand que lui[3], » c'est-à-dire plus grand que son caractère humain; sinon Il n'aurait pas dit, peu après, que « lui et le Père sont un[4]. » Et de même dans sa prière que tu rapportes toi-même, Jésus dit : « Ils te connaissent seul vrai Dieu, et celui que tu as envoyé Jésus-Christ[5]. » Dans ce passage, nous voyons Jésus-Christ portant le titre de Dieu; s'il n'était qu'un simple prophète, il lui aurait fallu dire « qu'ils te connaissent comme un seul vrai Dieu, et Moïse avec les autres prophètes et ensuite Jésus. » Laissez donc de côté toutes ces balivernes, parce que Jésus, Dieu parfait, devint après, par l'admission de la nature humaine, un homme parfait auquel nous attribuons les expressions humiliantes de la sainte Ecriture comme à un homme, de même que les expressions glorieuses comme au vrai Dieu, ainsi que j'en ai fait

[1] Jean XII, 44.
[2] Idem, XII, 45 et 48.
[3] Idem, XIV, 28.
[4] Idem, X. 30.
[5] Idem, XVII. 3.

mention mainte fois. Il se laisse, sous l'enveloppe de son corps humain, être tenté par Satan, qui, lors du baptême de Jésus, entendant la voix divine disant : « Celui-ci est mon Fils bien-aimé en qui j'ai pris mon bon plaisir[1], » fut saisi d'épouvante, ne pouvant deviner à qui elle était adressée. Cependant Jésus, par son jeûne de quarante jours comme par la voix divine, prouvait que c'était à lui seul que cette voix était adressée. Alors Satan, ennemi déclaré de ceux qui pratiquent la vertu, désolé et dévoré par la jalousie, s'approcha de la personne du Seigneur, et ne trouva en lui qu'un homme qui connaissait tout ce qui se passait dans l'adversaire, et qui ne lui répondit qu'en le dédaignant comme un ennemi de l'humanité et ne voulut point lui révéler le mystère de ses desseins. Mais pourquoi n'as-tu pas lu ce qui suit, et comment, lorsque Satan eût vu sa tentation inutile, il s'en retira pour le moment, et comment les anges s'approchant du Seigneur l'adorèrent : les anges adorent-ils un simple homme? C'est la vérité seule, à ce qu'il paraît, que tu fuis, et tu t'efforces de créer tous les obstacles imaginables pour ne pas reconnaître notre Seigneur comme Dieu en le présentant toujours comme un homme ordinaire, le comparant à Adam, qui, suivant toi, fut aussi créé immédiatement par Dieu sans qu'il eût de parents.

Quant à sa mort vivifiante, que du reste tu n'ignores pas, tu fabriques une autre imposture en disant que personne ne pouvait le mettre à mort; mais je te demande, si Jésus n'était qu'un simple homme selon ta supposition, est-ce une chose incroyable qu'un homme

---

[1] Matthieu III, 17.

pouvait mourir? Fais-y bien attention, réfléchis-y mûrement, tu accueilles avec satisfaction tous les traits humiliants de la vie de notre Seigneur, et tu méprises et rejettes tous les traits glorieux. Je t'invite à porter ton attention sur quelques points de l'Evangile à cet égard. Jean l'évangéliste, en parlant de Jésus, dit : « Qui croit au Fils, a la vie éternelle; mais qui désobéit au Fils ne verra point la vie, mais la colère de Dieu demeure sur lui[1]. » Jean, fils de Zacharie, dit : « Voilà l'Agneau de Dieu qui ôte le péché du monde[2]. » Jean l'évangéliste lui-même commence son Evangile par ces mots : « Au commencement était la Parole, et la Parole était avec Dieu, et cette Parole était Dieu. Elle était au commencement avec Dieu; toutes choses ont été faites par elle, et sans elle rien de ce qui a été fait n'a été fait[3]. » La Parole de Dieu elle-même, venue en chair au monde, s'exprimait de la manière suivante : « Celui qui m'a vu a vu mon Père[4]. » « Comme le Père me connaît, je connais aussi le Père[5]. » « Le Père (qui m'a envoyé) est avec moi[6]. » « Je monte vers mon Père et vers votre Père, vers mon Dieu et vers votre Dieu[7]. » Il est son Père par sa nature divine, le nôtre par la grâce, parce que « tous ceux qui l'ont reçu, il leur a donné le droit d'être faits enfants de Dieu; savoir à ceux qui croient en son nom[8]. » Il est son Dieu à cause de sa nature humaine, qui lui est commune avec nous. Jésus fut envoyé en sa qualité

---

[1] Jean III, 35.
[2] Idem, I, 29.
[3] Idem, I, 1-3.
[4] Idem, XIV, 9.
[5] Idem, X, 15.
[6] Idem, XVI, 32.
[7] Idem, XX, 17.
[8] Idem, I, 1.

d'homme, et Il envoie ses disciples en sa qualité de Dieu : « Comme mon Père m'a envoyé, ainsi je vous envoie[1]. » C'est ainsi que tous les passages de l'Évangile se trouvent d'accord sur ces points.

Relativement à la circoncision et au sacrifice, tu prétends que nous les avons changés, notamment la première en baptême, la seconde en communion de pain et de vin bénits. Nous n'avons rien altéré ni modifié dans ces institutions; c'est le Seigneur lui-même qui, d'après la prédiction de Jérémie, changea la figure ordonnée dans l'Ancien Testament et établit la véritable loi. Écoute cette prophétie : « Voici, les jours viennent, dit l'Éternel, que je traiterai une nouvelle alliance avec la maison d'Israël et avec la maison de Juda, non selon l'alliance que je traitai avec leurs pères au jour que je les pris par la main pour les faire sortir du pays d'Égypte[2] » Quelle alliance traita-t-il avec leurs pères, sinon celle qui était rappelée par le sang des agneaux le jour de Pâques et qu'il avait donnée à garder au sein de leur peuple[3].

Or les enfants d'Israël furent préservés du destructeur par le sang d'un agneau sans raison; quant à nous, ne serions-nous pas aussi sauvés de la mort éternelle par le sang de l'Agneau immaculé? Jésus-Christ, avant ses souffrances, prit le pain, le bénit et le distribua à ses disciples. Il fit de même avec la coupe remplie de vin. Il les appela son corps et son sang, et ordonna qu'on en prît et qu'on en bût en souvenir de lui, annonçant par là sa mort comme le sacrifice de l'agneau innocent et pur, sacrifice annoncé bien sou-

[1] Jean XX, 21.
[2] Jérémie XXXI, 31.
[3] Exode XII, 21-28.

vent dans l'Ancien Testament. Les saintes Ecritures, que certainement tu n'as pas lues, donnent à Jésus différents noms, par exemple : la Parole, le Fils, le Rayon, l'Image de Dieu, l'Image de serviteur, le Dieu, l'Homme, l'Ange, la Perle, le Hameçon, le Seigneur des seigneurs, le Serviteur, l'Agneau, la Brebis, le Berger, l'Aîné parmi des frères, l'Aîné d'entre des morts, etc. ; rien ne pourrait m'empêcher de donner à chacun de ces noms une explication détaillée en indiquant leur vrai sens, leur portée et leur étendue, si je te connaissais pour quelqu'un qui ne cherche que la justice.

Touchant la circoncision, tu prétends que nous l'avons remplacée par le baptême ; le mystère de la circoncision, par lequel Dieu avait voulu traiter son alliance dans ce membre secret et non pas dans d'autres plus visibles et plus glorieux t'est resté inconnu, à ce qu'il paraît. Est-ce que tu ignores également l'autre circonstance qu'Abraham avant d'avoir été circoncis s'attira la faveur de Dieu, et qu'il ne reçut l'ordre de circoncision que pour qu'elle servît seulement de signe de sa foi et de son attachement à Dieu. Quant à la cause principale pour laquelle ce membre secret fut choisi pour servir à cette institution, tu ne peux pas la savoir, comme je l'ai dit ci-dessus. Nous autres, nous n'avons pas reçu l'ordre de circoncire nos membres extérieurs, mais notre cœur, d'une manière spirituelle, comme nous l'annonçait la promesse de Dieu ci-devant citée de rétablir une nouvelle alliance ; en effet, si la véritable loi de Jésus-Christ notre Maître n'avait pas détruit complétement la circoncision, le sacrifice et le sabbat, quelle nouvelle alliance nous promettait-il ? Néanmoins, tu aurais dû avoir honte de ce qu'à une époque si récente où Dieu a délivré la race humaine en brisant les liens des lois, tu t'es déclaré défenseur de la circoncision et tu l'as pour cela couverte d'opprobre; car Dieu, par la loi ancienne, ordonnait de circoncire tout mâle au huitième jour de sa naissance, tandis que chez vous ce ne sont pas les mâles seuls, mais les femmes aussi, n'importe à quel âge qu'elle soit, qui sont exposés à cette honteuse opération[1]. Pour la divine institution du baptême, Dieu nous l'avait annoncée longtemps à l'avance par le prophète Ezéchiel, en ces termes : « Je répandrai sur vous des eaux nettes, et vous serez nettoyés; je vous nettoierai de toutes vos souillures et de toutes vos idoles[2] » Jésus-Christ ordonna le même baptême dans son Evangile en disant à ses disciples : « Allez donc et enseignez toutes les nations, les baptisant au nom du Père, et du Fils et du Saint-Esprit[3]. » Par là fut accomplie la prédiction du prophète : « Je t'ai établi en flambeau aux peuples, » et « le peuple qui était assis dans les ténèbres a vu une grande lumière. »

Nous n'avons pas non plus substitué au sabbat le dimanche, comme tu le prétends sans que tu y aies réfléchi, bien que chez vous on ait établi le vendredi pour le jour de réunion, sans aucune raison qui puisse

---

[1] Pour ce qui concerne la prétendue circoncision du sexe féminin pratiquée chez les Musulmans, toutes mes recherches sont restées sans résultat, et je n'ai pu trouver aucun auteur sérieux et consciencieux parmi les anciens qui constatât ce fait; par conséquent, tout ce que les écrivains grecs et arméniens ont débité de cette prétendue circoncision doit être attribué aux informations inexactes, aux préjugés et à la haine réciproque. Si toutefois il existait chez quelques-uns des anciens Musulmans de pareilles pratiques, elles doivent être considérées comme des cas exceptionnels, des actes de sectaires, puisque nous n'en trouvons aucun vestige dans le Koran, répertoire de toutes les doctrines et des cérémonies du peuple musulman.

[2] Ezéchiel XXXVI, 25.

[3] Matthieu XXVIII, 19.

justifier ce choix ; quant à nous, nous nous réunissons le jour de la résurrection de notre Seigneur, qui par là nous a promis la résurrection, pour faire nos prières et rendre grâce à notre Créateur pour un si grand mystère. Ce jour est celui où le Créateur avait dit au commencement : « Que la lumière soit, et la lumière fut[1]. » C'est dans le même jour que brilla la lumière de la bonne nouvelle de la résurrection du genre humain, par la résurrection de la Parole et du Fils unique dans son corps humain ; du reste, nous n'avons reçu aucun autre ordre pour y chômer et pour y préparer notre nourriture comme les Juifs. Cependant, toi qui manifestes tant d'incrédulité, soit à l'égard des prophètes, soit à l'égard de notre Seigneur, pour quelle raison attaches-tu tant d'importance aux traditions véridiques des chrétiens ? Je pense que c'est pour toi et pour ceux qui te ressemblent, que Dieu a dit par son prophète : « Regardez, vous gens outrageants, et vous serez outragés et réduits vous-mêmes. Je vais entreprendre, dans votre temps, une œuvre à laquelle vous n'ajouterez pas foi si on vous la raconte. »

Je n'ai pas oublié non plus l'autre objection soulevée par toi en ces termes : « Comment est-il possible à Dieu de demeurer dans le sein d'une femme, au milieu du sang, de la chair et de la souillure. » Je suppose que tu sais qu'il y a une multitude d'êtres que Dieu créa du néant par son simple ordre, comme nous l'assure le CXLVIII⁰ chapitre des Psaumes, ainsi conçu : « Il a commandé, et elles ont été créées, et il les a établies à perpétuité et à toujours » (5 et 6.). Parmi ces créatures figurent le ciel avec le soleil, la lune et

d'autres astres, corps celestes, et la terre avec sa
végétation, et les animaux. Tous ces êtres, à ce qu'il
paraît, occupent dans ta pensée une place éminem-
ment supérieure, et te semblent plus purs et plus
précieux que l'homme, qui, cependant, bien que
considéré par toi comme un être si impur, fut créé
non par un simple commandement, à l'exemple des
êtres ci-dessus mentionnés, mais par la main toute-
puissante de Dieu, et animé par son souffle tout
saint. Par conséquent la nature humaine, créée par
la sainte main du Créateur et honorée par lui de sa
ressemblance, ne peut être nullement souillée devant
lui. Ne fais donc pas de semblables injures à leur
bon Créateur, aux yeux duquel il n'y a rien d'immonde parmi tout ce qui a été créé par lui, sauf le péché, qui non-seulement n'a pas été créé par lui dans
l'homme, mais n'a pas même été ordonné; au contraire, il n'y a rien de plus précieux que l'homme,
pour lequel tout fut créé. Or Dieu, qui a tant honoré
l'homme en le créant à son image, n'a pas cru honteux de prendre l'image de l'homme pour le sauver,
parce que, comme je l'ai dit, il n'y a rien d'immonde
dans la nature humaine, sauf le péché, et tout ce que
tu considères dans l'homme comme des choses immondes, Dieu les a organisées pour notre bien; par
exemple, les règles du sexe féminin servent à la reproduction du genre humain, et les évacuations des
excédants de nourriture et de boisson, à la conservation de notre vie; c'est toi seul qui considères ces
choses comme impures, tandis qu'aux yeux de Dieu
c'est le pillage, l'assassinat, le blasphème, et d'autres
crimes pareils, qui sont considérés comme souillés, et
non pas les choses mentionnées ci-dessus, et destinées

à la reproduction et à la conservation de la vie humaine.

Outre tout ce dont je t'ai entretenu jusqu'à ce moment, je vais te faire observer encore une chose, c'est que si le buisson allumé par le feu divin, à l'époque de Moïse, ne fut pas consumé, l'homme doit être regardé comme plus précieux qu'un buisson et que toutes les choses créées ; car c'est pour les saints hommes que Dieu a dit : « Je demeurerai au milieu d'eux. » Et ailleurs : « En qui demeurerai-je, sinon dans les hommes doux et humbles, et dans ceux qui craignent mes paroles[1]. » On voit bien que Dieu appelle les hommes justes son habitation, et qu'il ne s'offense pas de leur infirmité naturelle, que tu appelles souillures, puisqu'il convenait à l'Être toujours vivant d'avoir pour habitation un temple vivant. Je te soumets encore la proposition suivante, d'autant plus volontiers que je te vois surtout porter envie à la gloire des saints de Dieu et de leurs reliques, que Dieu déclare être sa demeure : Si Dieu prend soin de tous les os du genre humain pour la résurrection générale, comment ne prendra-t-il pas un soin spécial de ceux de ses saints dont plus d'une fois il a parlé dans des termes si glorieux et si majestueux, surtout de ceux d'entre eux qui ont souffert la mort à cause de lui ? C'est de ces martyrs que le Saint-Esprit dit, par la bouche de David, « que toute sorte de mort des bien-aimés de l'Éternel est précieuse devant ses yeux[2]. » Et dans un autre passage : « Le juste a des maux en grand nombre, mais l'Éternel le délivre de tous. Il garde tous ses os, et pas un n'en est brisé[3]. » La puis-

---

[1] Esaïe LXVI, 3.
[2] Psaume CXVI, 15.
[3] Idem, XXXIV, 19-20.

sance divine qui habite dans ses saints affirme que leurs os ne seront pas brisés ; cependant, nous savons qu'un grand nombre des os des saints ont été broyés et même réduits par le bûcher en cendre. Quant à toi, occupé que tu es comme un enfant de tout ce qui est visible, tu n'y penses pas du tout. Le Saint-Esprit parle encore dans un autre passage : « Dieu est merveilleux sur ses saints. » Et Salomon en parle aussi dans ces termes : « Les justes vivront éternellement et recevront leur récompense du Seigneur. Ils sont morts, mais aux yeux des impies ; cependant ils jouissent du repos[1]. » Je suppose que tu n'ignores pas non plus l'histoire de cet étranger non circoncis, dont le cadavre, aussitôt qu'il fut jeté dans « le sépulcre du prophète Élisée et qu'il eut touché ses os, revint en vie, et se leva sur ses pieds[2]. » Or, si la puissance divine ne demeurait pas dans les os du saint prophète, comment ceux d'un simple mort pourraient-ils ressusciter un cadavre ? Ainsi donc, le Dieu vivant n'a pas cru être souillé en demeurant dans la tombe d'un mort, car Dieu juge les hommes d'une manière opposée à nous. Toutefois, quel respect pour les saints pourrai-je attendre de ta part, lorsque je te vois, même actuellement, excité par une sorte de fanatisme digne d'un païen, exercer tant de cruautés envers les fidèles de Dieu, dans le but de les forcer à l'apostasie, et mettre à mort tous ceux qui résistent à tes desseins, de sorte que la prédiction de notre Seigneur : « Le temps vient que quiconque vous fera mourir croira servir Dieu[3], » s'accomplit tous les jours ; car tu es

---

[1] Sagesse de Salomon III. 1 et 2 ; V. 16.
[2] 2 Rois XIII. 21
[3] Jean XVI. 2.

loin de penser qu'en tuant tous ceux qui te résistent tu te tues toi-même d'une mort éternelle. C'est ainsi que Mahomet, ton oncle, agissait autrefois, lui qui, le jour même où il allait immoler le profane sacrifice du chameau, fit décapiter en même temps nombre de chrétiens serviteurs de Dieu, et mêler leur sang avec celui de l'animal offert en sacrifice; et cependant tu te fâches quand nous faisons recueillir les restes des martyrs qui ont scellé la profession de leur foi par leur sang, afin de les inhumer dans des lieux consacrés à Dieu.

Il se trouve encore dans ta lettre des paroles à propos de la croix et des tableaux. Nous honorons la croix à cause des souffrances que la Parole de Dieu incarnée y a supportées; ce que nous avons appris d'un commandement donné par Dieu à Moïse et des prédictions des prophètes. La lame sacrée qu'en conséquence d'un ordre de Dieu, Moïse avait fait poser sur le front du pontife ou de l'archiprêtre, portait l'empreinte de croix ayant la forme d'un être vivant; c'est à l'imitation de ce signe que nous autres chrétiens, nous scellons nos fronts de la croix comme de la Parole de Dieu qui a souffert pour nous dans sa nature humaine. Le prophète Esaïe indique même le bois dont devait être formée la croix, couronne sublime dont se glorifie à jamais l'Eglise. « Le sapin, l'orme, et le buis ensemble pour rendre honorable le lieu de mon sanctuaire, et je rendrai glorieux le lieu de mes pieds [1]. » Salomon en parle aussi. « Béni soit le bois, par lequel la justice est exercée [2]; » et dans un autre endroit : « Il est l'arbre de vie pour tous ceux qui

[1] Esaïe LX, 13.
[2] Sagesse de Salomon XIV, 7

l'embrassent, et qui s'y appuient solidement comme sur le Seigneur [1]. » Quant aux tableaux, nous ne leur attribuons pas un respect semblable, n'ayant reçu de la sainte Écriture aucun commandement quelconque à ce sujet ; cependant, trouvant dans l'Ancien Testament l'ordre divin qui autorise Moïse à faire exécuter dans le Tabernacle les figures de chérubins ; et, animés d'un sincère attachement pour les disciples du Seigneur, brûlant d'amour pour le Seigneur incarné lui-même, nous avons toujours éprouvé le besoin de conserver leurs images qui nous sont parvenues depuis leur temps comme leur vive représentation. Leur présence nous charme, et nous glorifions Dieu qui nous a sauvés par l'intermédiaire de son Fils unique paru au monde sous une semblable figure, et nous glorifions ses saints ; mais quant au bois et aux couleurs, nous ne leur rendons aucune vénération. Mais toi, tu n'as pas honte d'avoir vénéré par des sacrifices la maison qu'on appelle Kaaba, habitation d'Abraham, qui en réalité ne l'a pas vue, même en songe, avec son désert aride et diabolique. Cette maison existait longtemps avant Mahomet et elle était l'objet d'un culte de la part de tes concitoyens, et Mahomet, loin de l'abolir, l'appela demeure d'Abraham. Pour ne pas paraître t'offenser à tort et à travers, je vais te le prouver par les passages du saint Évangile et même par ta propre histoire. Jésus-Christ chassa souvent une multitude de démons dans le désert en question. « Il (le démon) va par des lieux secs [2]. » Ces esprits immondes vous y apparaissent tantôt sous la forme

---

[1] Prov. III, 18.
[2] Matth. XII, 43.

de serpents et tantôt ils semblent entretenir de vilaines relations avec des femmes, selon leur habitude, se donnant l'apparence de faire des mariages. Vous autres, trompés par une illusion, et tombés imprudemment dans le piége, vous vous faites leurs egaux ici-bas et dans le monde à venir, éloignés, comme vous l'êtes de comprendre que dans l'autre monde il leur est absolument défendu, par l'Evangile du Sauveur, d'entretenir un pareil commerce. Jésus-Christ enchaîne ici-bas leur violence révoltante, et bien que constamment malveillants comme leur père Satan, cependant ils ne peuvent causer ouvertement de mal à personne, puisque s'ils l'osaient ou le pouvaient, ils vous auraient anéantis infailliblement comme par le feu dans une seule journée. Ils ne peuvent donc rien faire de plus que vous entraîner, par des machinations occultes, à la perte de vos âmes; par exemple, par le moyen d'une pierre qu'on appelle rokun [1], que vous adorez sans savoir pourquoi; par le moyen du carnage des démons que les bêtes et les oiseaux fuient en toute hâte avec une extrême aversion ; par le moyen des pierres jetées, de la fuite, en vous faisant raser la tête et par d'autres superstitions ridicules; je ne peux pas passer non plus sous silence l'abominable autorisation qui vous est accordée par votre législateur d'avoir avec des femmes un commerce qu'il a

---

[1] La pierre noire est appelée aujourd'hui chez les Arabes *hajera-el-assouad*, du mot *hajar* ou *el-hajar*, pierre. C'est la fameuse pierre noire enchâssée dans de l'argent et placée à l'angle du sud-est de la Kaaba. Les Mahométans vénèrent extrêmement cette pierre, et les pèlerins la baisent avec une grande dévotion. On dit que c'est une des pierres précieuses du paradis, qu'elle tomba du ciel en terre avec Adam, qu'elle en fut retirée, ou du moins préservée pendant le déluge, et que l'ange Gabriel la rapporta à Abraham lorsqu'il bâtissait la Kaaba. (*Panthéon littéraire. Les Livres sacrés de l'Orient.* p. 510.)

comparé, j'ai honte de le dire, au labourage de la terre. Par suite de cette licence, bon nombre d'entre vous ont contracté l'habitude de multiplier leur commerce avec des femmes, comme s'il s'agissait de défricher des champs. Puis-je encore oublier la chasteté de votre Prophète et la manière artificieuse dont il parvint à séduire la femme Zéda. De toutes ces abominations, la pire consiste à accuser Dieu comme moteur de toutes ces saletés, ce qui sans doute a introduit parmi vos compatriotes cette loi dégoûtante. Y a-t-il en effet un blasphème pire que d'alléguer que c'est Dieu qui est la cause de tout ce mal ? Quant à l'exemple de David, qui avait pris Urie pour femme, et dont tu me parles, on sait bien qu'il commit là un péché devant l'Eternel, et qu'il en fut puni sévèrement.

En somme, votre législateur et vous tous, continuez à résister à la vérité. Vous faites bien ! Je ne connais rien de pire que de ne pas tenir le péché pour tel, et c'est ce que vous faites réellement en ne cherchant et en ne recevant point le pardon. Dieu a ordonné dans l'Evangile au mari de ne répudier sa femme que pour cause d'adultère ; cependant vous agissez tout autrement. Lorsque vous êtes rassasiés de vos femmes comme d'une nourriture quelconque, vous les abandonnez selon votre fantaisie ; j'avais aussi l'intention de cacher, s'il était possible, la manière honteuse dont vous vous remariez, et comment avant de reprendre vos femmes répudiées vous les forcez de coucher dans le lit d'autrui. Que dirai-je des exécrables débauches que vous commettez avec vos concubines ? Pour elles, vous prodiguez toutes les dépouilles du monde et toute votre fortune ; et puis,

quand vous en êtes fatigués, vous les vendez comme
des bêtes de somme. On dit que le serpent entretient
des relations intimes avec *le murines* [1], reptile de mer:
arrivé au bord de la mer, le serpent laisse échapper
son venin avant de se livrer à ses amours; mais vous,
vous êtes plus venimeux que le serpent. Jamais vous
n'apportez de limites à votre mauvaise foi, et ne pouvant satisfaire vos passions déchaînées tant que vous
êtes en vie, à l'heure dernière de votre mort, vous
faites mourir violemment vos femmes, suivant l'inspiration du mauvais esprit.

En parlant de Satan et des âmes des justes, tu prétends que nous avons représenté le premier comme le
trésorier de Dieu; c'est une erreur : nous disons, au
contraire, que Satan était fort joyeux, voyant que
l'humanité, dans l'horreur que lui causait la mort, se
plongeait dans les abîmes du désespoir. Il croyait
même les justes abandonnés par Dieu et perdus après
la mort. Plein de cette pensée, et frappé de l'extrême
humiliation du Christ, il le crut soumis à la condition
des hommes, et poussa son disciple à le trahir et les
Juifs à le mettre à mort. Mais voyant le Seigneur marcher volontiers au-devant du supplice de la croix, il
fut saisi d'épouvante; et pour empêcher le salut de la
race humaine, il tenta d'effrayer par des remords la
femme du juge (Pilate). Malgré toutes ces artifices, le
Verbe de Dieu goûta la mort dans sa nature humaine,
restant dans sa nature divine toujours immortel et
inséparable de son humanité, et comme vrai Dieu engendré du vrai Dieu. Il ressuscita ou plutôt ressuscita
sa nature humaine selon la prophétie de David : « Que

1 Murines, ... grec ..., en latin, *myrinus.*

Dieu se lève, et ses ennemis seront dissipés[1], » et selon une autre prédiction faite par un des douze prophètes.

Le Verbe de Dieu étant ainsi ressuscité, moins pour lui-même, puisqu'il était esprit, immortel et incorruptible, que pour le genre humain dont il avait revêtu la nature, assura par cette résurrection la résurrection des hommes, et il rendit certaine l'espérance que les morts, délivrés de l'influence de l'ennemi spirituel, revêtiraient de nouveaux corps, parce que les âmes obtiennent beaucoup de grâces de la part du Créateur par le mérite de l'incarnation de sa Parole.

C'est donc ainsi que Satan, affaibli, perdu et entraîné par son désespoir et par celui de ses légions, s'est enfin vu réduit à l'impossibilité d'entraîner dorénavant le monde aux cultes étrangers et contraires à la volonté de Dieu ; il n'attend plus que le supplice du feu éternel.

Je vais enfin t'expliquer cette vision d'Isaïe où un cavalier lui apparut monté sur un âne et un chameau ; en voici le sens. L'aspect du désert maritime indique que c'est là ton désert situé au bord de la mer, voisin et limitrophe de la Babylonie ; un peu après, le prophète dit qu'il voit deux cavaliers montant l'un sur un âne, l'autre sur un chameau ; ces deux cavaliers ne faisaient réellement qu'un seul, comme le même prophète l'affirme de la manière la plus claire dans le même passage. Sous le nom d'âne le prophète entend le peuple juif, qui, bien qu'il lût la loi et les prophéties, influencé pourtant par l'enseignement de Satan, refusa de se soumettre et d'accepter l'Évangile des-

<hr>

1 Psaume CXVII. 2.

tiné à sauver tout l'univers. C'est de cette désobéissance du peuple juif que le même prophète se plaint
dès le commencement de son livre : « Le bœuf connaît son possesseur, et l'âne la crèche de son maître ;
mais Israël n'a point de connaissance[1]. » Sous le nom
de chameau, le prophète désigne les Madianites et les
Babyloniens, parce que ces animaux sont très nombreux chez vous ; et le même ennemi qui a entraîné
les Juifs dans l'erreur, sous prétexte de conserver la
loi, vous a aussi fait tomber dans l'idolâtrie. J'ai dit
ci-dessus que les deux cavaliers ne représentaient
qu'une seule personne, ce que nous montre aussitôt
après le même prophète, en disant : « Je voyais le
même cavalier qui venait monté sur deux chevaux :
voici, le cavalier qui paraissait auparavant deux
n'était qu'un seul, et monté à deux chevaux. » Il
désigne par ces deux chevaux les Juifs et les païens
dominés par lui. Or d'où venait cet homme ? que
disait-il ? Il venait monté sur deux chevaux, et criait
à gorge déployée : « Babylone est tombée, et ses ouvrages ont été renversés. » C'était donc l'ennemi qui
déplorait sa désolation, qui, ne trouvant plus de re-
fuge que dans ton désert, vous a amené les deux
chevaux de son iniquité, c'est-à-dire l'inconstance ju-
daïque et les débauches des païens. Il parvint enfin
à l'aide de ces deux éléments, d'une manière occulte
et non pas de vive force, à vous entraîner dans son
erreur. C'est ainsi que vous vous faites circoncire,
mais sans admettre la divinité du Fils et du Saint-
Esprit créateurs et sanctificateurs.

Quant à la divination, à la connaissance de l'avenir

et aux démons qui ne conduisent qu'au supplice de l'enfer, vous y ajoutez foi comme les païens, dont les abominables débauches vous sont très familières. Vous appelez chemin de Dieu ces excursions dévastatrices qui portent chez tous les peuples la mort et la captivité. Voilà votre religion et sa récompense; voilà votre gloire, à vous qui prétendez vivre d'une vie angélique. Quant à nous, instruits et convaincus du merveilleux mystère de notre rédemption, nous espérons après notre résurrection jouir du royaume céleste, nous qui sommes soumis aux doctrines d'Evangile et qui attendons humblement un bonheur tel que « les yeux ne l'ont point vu, que les oreilles ne l'ont point entendu, et que Dieu a préparé à ceux qui l'aiment[1]. » Nous n'espérons pas y trouver des sources de vin, de miel ni de lait; nous n'espérons pas y jouir du commerce des houris (femmes restées éternellement vierges) et y avoir des enfants, nous n'ajoutons aucune foi à de pareils bavardages engendrés par une extrême ignorance et par le paganisme; loin de nous toutes ces rêveries, toutes ces fables. « Le royaume de Dieu ne consiste point dans le manger ni dans le boire[2], » comme dit le Saint-Esprit, « mais dans la justice[3]; » et « lors de la résurrection les hommes n'épouseront pas des femmes, ni les femmes des hommes, mais ils seront comme les anges[4]. » Pour vous qui êtes abandonnés aux vices charnels, et qui n'avez jamais su y mettre fin, vous qui préférez vos plaisirs à tous les bonheurs, c'est précisément pour cela que

[1] 1 Cor. XI, 9.
[2] Rom. XIV, 17.
[3] Idem.
[4] Matth. XXII, 30.

vous tenez pour rien le royaume céleste s'il n'est peuplé de femmes.

Voilà la courte réponse que je t'adresse. Pour la profession de notre inébranlable et impérissable foi, nous avons subi de votre part et nous subissons encore bien des souffrances; nous sommes prêts encore à mourir, uniquement pour porter sur nous le nom saint, précieux et incomparable, selon la prédiction d'Esaïe : « Tu porteras un nom nouveau que le Seigneur te donnera[1]. » Le Seigneur lui-même, lorsqu'il se trouvait sur la terre, nous a prévenus de ces souffrances en nous disant : « S'ils m'ont persécuté, ils vous persécuteront aussi; s'ils ont gardé ma parole, ils garderont aussi la vôtre; ils vous feront toutes ces choses à cause de mon nom, parce qu'ils ne connaissent point celui qui m'a envoyé[2]; » et encore : « Vous pleurerez et vous vous lamenterez[3]. » Jésus-Christ, dans sa prière adressée à son Père, disait : « Ils étaient tiens, et tu me les as donnés..... Ils ne sont point du monde, comme aussi je ne suis point du monde[4]. » « Si vous eussiez été du monde, le monde aimerait ce qui serait à lui; mais parce que vous n'êtes pas du monde, et que je vous ai élus du monde, à cause de cela le monde vous hait[5]. »

Parce que telle est notre espérance; vous nous prodiguez les menaces, vous nous frappez de mort, mais nous ne répondons à vos coups que par la patience parce que nous ne comptons ni sur nos bras ni sur notre épée pour nous sauver, mais sur le bras et la

---

[1] Esaïe, LXII, 2.
[2] Jean XV, 20-21.
[3] Idem, XVI, 20.
[4] Idem, XVII, 6-18.
[5] Idem, XV, 20.

droite du Seigneur et sur la lumière de sa face ; et s'il le veut encore, nous sommes prêts à souffrir davantage dans ce monde pour être récompensés dans le monde à venir : oui, qu'il fixe l'heure et le mode des supplices ; encore une fois nous sommes prêts.

Pour vous, persistant dans votre tyrannie et vos empiétements, vous attribuez à votre religion les succès dont le ciel vous favorise ; vous oubliez que les Persans ont aussi prolongé leur tyrannie durant 400 ans. Quelle fut la raison d'un aussi long règne ? Dieu seul le sait ; assurément ce n'était pas la pureté de leur religion. Nous autres, nous accueillerons avec empressement toutes les souffrances et toutes les tortures qui peuvent nous arriver pour le nom glorieux de Jésus-Christ, notre Seigneur et Sauveur, afin que nous puissions parvenir au bonheur du monde futur avec tous ceux qui ont aimé à voir l'avénement du jour du grand jugement de Dieu, pour la louange et la gloire de ses bien-aimés. Puissions-nous être dignes de contempler alors avec eux l'unique divinité du Père, de la Parole son Fils unique, et de son Saint-Esprit, dès maintenant et à jamais. Amen.

L'empereur Léon expédia par un de ses intimes officiers cette réponse : *A Omar, souverain des Arabes.* Après l'avoir lue, le calife fut très confus. Cette lettre produisit sur lui un effet heureux. Dès ce moment, il commença à traiter les chrétiens avec beaucoup de bienveillance ; il améliora leur état et se montra très favorable à leur égard, de sorte qu'on n'entendait partout que des manifestations de reconnaissance pour lui. Il donna, comme j'en ai fait mention ci-devant, la liberté entière à tous les captifs, et leur remit leurs délits sans leur demander aucune rançon ; il se mon-

tra aussi envers ses propres sujets beaucoup plus généreux que tous ses prédécesseurs; il distribua à
ses troupes de grandes sommes d'argent, renfermées
jusqu'alors dans les coffres du trésor. Après tous ces
actes de bienfaisance il mourut.

CHAPITRE VIII.

LE RÈGNE D'YÉZID II. LA PERSÉCUTION CONTRE LE CHRISTIANISME;
LE RÈGNE DE HÉSCHAM ET SA GUERRE CONTRE LES HUNS ET LES
GRECS.

Après la mort d'Omar, Yézid II[1] monta sur le trône
et régna pendant six ans[2]. Cet homme, d'un caractère
cruel et guidé par le fanatisme, signala son avénement
par une déplorable persécution qu'il souleva contre
le christianisme. Par ses ordres, empreints d'une sorte
de frénésie diabolique, on brisa et on détruisit les tableaux représentant l'incarnation véridique de notre
Maître et Sauveur et les images de ses disciples, aussi
bien que la Croix érigée dans certains endroits pour que
les fidèles pussent adorer devant elle la sainte Trinité
consubstantielle. Excité de plus en plus par le fanatisme, il tenta de se mesurer contre le rocher inébranlable (Christ et son Eglise), et n'ayant pu le subjuguer,
il fut lui-même brisé contre lui. Arrivé au comble de sa

---

[1] Dans le texte arménien, ce nom était écrit Jezdéjerd.
[2] Il ne régna que deux ans seulement.

fureur, il déclara la guerre aux pourceaux[1], herbivores et impurs, et en fit exterminer un grand nombre dans toute l'étendue de ses Etats. C'était l'égarement de Satan qui l'entraînait dans cette œuvre d'extermination. Une maladie suffocante (probablement une angine couenneuse), produite par la fureur du Satan, le fit mourir misérablement : digne châtiment infligé à ses crimes par le Seigneur !

Héscham[2] lui succéda et régna pendant dix-neuf ans[3]. Dans la première année de son règne il expédia en Arménie un certain capitaine, nommé Herth, ayant pour mission de procéder à un nouveau recensement des habitants du pays. Son dessein était funeste, et il aboutit à augmenter les impôts et les contributions, dont la perception fut accompagnée d'une multitude de mauvais traitements. Il se montrait fort mécontent de la générosité d'Omar, et l'accusait d'avoir injustement prodigué les richesses immenses accumulées par ses devanciers. C'est pour cette raison qu'il exerça tant de cruautés en Arménie ; on n'entendait partout sur son passage que des cris d'indignation et des plaintes amères. Dès cette époque l'Arménie fut frappée d'impôts exorbitants.

La mort qui frappa le Khaquan[4] ou roi des Khazirs fut suivie de terribles troubles dans le Nord. Parsbith, la reine mère, tourna alors ses regards vers l'Arménie, et chargea Tharmadj, son général, d'y entrer à la

---

[1] On sait bien que cet animal est regardé par les Musulmans comme un être impur.

[2] Le texte arménien porte Scham ou Heschm.

[3] L'abbé de Marignie, dans son *Histoire des Arabes sous le gouvernement des Califes*, lui donne un règne de vingt et un ans et le place entre l'an 104 et l'an 125 de l'hégire.

[4] Dans la *Revue des Deux-Mondes*, Kha-Kan ; — c'est le nom donné au roi des Avares, des Huns et des Slaves (numéro du 15 avril 1855, p. 218).

tête d'une grande armée pour la conquérir. Ce corps d'armée se mit en route, passa par Djor[1], place fortifiée, traversa le territoire des Messagètes[2] et fondit sur le Païdacaran[3], exerçant partout le pillage; ensuite il passa le fleuve Araxe et pénétra dans la Perse en ravageant et en ruinant Gandzak[4], ville commerçante, Artavet[5], autre ville, ainsi que les provinces appelées Athechi-Bagvan, Spatar-Péroz et Ormuzd-Péroz. Là, se voyant en face d'un corps d'Arabes commandé par un certain général Djar, les Khazirs résolurent de lui livrer bataille. L'engagement qui eut lieu entre ces deux armées fut des plus sanglants; presque tous les Arabes tombèrent sous leur fer, et les Khazirs victorieux étendirent leurs ravages jusque dans la province de Zarévand[6], puis ils vinrent mettre le siége devant la forteresse d'Ampriotique en laissant leur bagage et leurs prisonniers dans la ville d'Artavet, qui était mal gardée.

Pendant que les Khazirs étaient occupés du siége d'Ampriotique, une division des troupes arabes, peu nombreuse et commandée par le général Setharach, attaqua Artavet, passa au fil de l'épée la majeure partie de la garnison et mit en liberté les prisonniers. La nouvelle de cet échec étant parvenue peu après à la

---

[1] Actuellement Schoura, forteresse dans le Daghistan, et l'*Albaniæ Pilœ* des anciens.

[2] Le texte arménien les appelle Masquouth; leur pays était voisin de l'Albanie, et par conséquent non loin de la ville de Derbind et de la mer Caspienne.

[3] Onzième département de la grande Arménie, qui confine l'Albanie, la mer Caspienne et la Médie. Actuellement il s'appelle district de Lancoran.

[4] Aujourd'hui Thauris, seconde ville capitale de la Perse.

[5] Probablement Artavil, où est la sépulture des monarques persans.

[6] Actuellement province de Khoi et de Salmas, dans l'Haderbéjau. Le Zarhavan faisait anciennement partie de la Perse-Arménie, l'un des quinze départements de la grande Arménie.

connaissance du gros de l'armée de Khazirs, qui tenaient dans ce moment Ampriotique en état de siége, ils abandonnèrent immédiatement cette forteresse et marchèrent résolûment à la rencontre des Arabes. Le combat fut funeste aux Arabes. Battus et mis en pièces, ils perdirent encore leur drapeau représentant une figure en airain[1], que l'on conserve encore de nos jours chez les Khazirs, au sein de la tribu de Harache, comme un trophée de la victoire remportée par leurs ancêtres.

Le calife des Arabes, aussitôt qu'il eut connaissance de cette affaire, expédia Meslin, son frère, avec beaucoup de troupes pour renforcer celles de Harache; mais lorsque Meslin arriva sur le théâtre de la guerre, il ne put rien entreprendre, les Khazirs ayant déjà vaincu Seth-Harache, tué une partie de ses troupes, mis l'autre en fuite, délivré les prisonniers et pris tout ce que les Arabes possédaient. Meslin, fort irrité contre Seth-Harache, l'accabla de vifs reproches : il méditait même de le faire mourir; mais une émeute, causée par les parents de Seth-Harache, l'obligea d'abandonner son dessein. Pour éviter quelques troubles, Meslin renonça complétement, quoique malgré lui, à son projet et retourna auprès de son souverain.

Ces événements à peine passés, Yézid donna le signal des hostilités contre l'empire grec. Par son ambassadeur, envoyé à la cour de Byzance, le calife

---

[1] On sait que les Musulmans ont banni complétement de leur culte et de leurs usages toute représentation de figure humaine. On voit cependant une sorte de transgression de cette interdiction dans la famille des Seldjoukides, qui commençait vers cette époque à fonder sa puissance et qui devait dominer plus tard sur la plus grande partie de l'Asie-Mineure. Je possède dans ma collection de médailles musulmanes frappées à Diarbékir l'ancienne Tigranocherd, et dans des villes voisines, quelques pièces à l'effigie de leurs souverains.

demanda à l'empereur Léon de se soumettre à la puissance arabe et de s'engager à lui payer un tribut. Le refus de la cour de Byzance le mit en colère ; il ordonna à Meslim, son frère, d'envahir le territoire grec à la tête d'une nombreuse armée. Cette armée occupa bientôt la Cilicie, ensuite la Mésopotamie, et de là elle fit une irruption dans la Bithynie, et vint camper sur le bord du fleuve Sakaria[1]. L'armée grecque, après avoir fait entrer les populations des campagnes dans les villes et les places fortifiées pour les mettre à l'abri, vint camper en face de l'ennemi, sur le bord opposé du fleuve. Les Grecs firent de leur position un camp retranché, entouré par un fossé, d'où ils observaient les Arabes.

Les ordres que l'empereur Léon ne cessait d'envoyer au généralissime grec lui prescrivaient de ne pas hasarder un engagement, de ne pas se laisser surprendre par l'ennemi et de se tenir sur la défensive. Une manœuvre du général arabe, qui permit à son armée de se répandre en tous sens dans la province grecque, de la ravager, de la piller et de faire des captifs, afin de rentrer dans ses foyers chargée de butin, lui fit oublier l'ordre de son souverain. En apercevant le mouvement des Arabes, il donna l'ordre à ses troupes de les poursuivre. Aussitôt que l'émir s'en fut aperçu, grâce à l'épaisse poussière qui s'élevait derrière eux, il fit éloigner tout le bagage de son armée à une certaine distance, partagea ses troupes en trois divisions : deux d'entre elles s'embusquèrent à droite et à gauche du chemin ; la troisième, sous le commandement personnel de Meslim, se rangea en

___
[1] Sangarius des anciens.

ordre de bataille. L'armée grecque, qui suivait le chemin, pêle-mêle, sans ordre ni précaution, et chargée de bagages, fut à peine arrivée en présence des Arabes qu'elle fut attaquée impétueusement par eux; la lutte une fois commencée, les divisions embusquées se montrèrent et assaillirent les Grecs de tous côtés. Cet engagement fut des plus funestes pour l'armée grecque, dont la majeure partie fut dévorée par le fer de l'ennemi. Alors les Arabes victorieux se mirent à piller les villes et les villages d'alentour, et, chargés ainsi de butin et d'un grand nombre de prisonniers, dont l'effectif montait, dit-on, à 80,000, ils rentrèrent triomphants dans leurs pays.

Le calife, à l'occasion de cette grande victoire, ordonna des fêtes solennelles et y prit part lui-même avec ses principaux dignitaires; il combla son frère de marques de distinction, bénit la victoire remportée, fit distribuer à ses troupes le butin, garda pour lui les serviteurs et les servantes, et passa le reste de l'année en repos.

L'année suivante fut signalée par une nouvelle levée de troupes. Le calife fit mettre sur pied de guerre une armée formidable, dont il confia le commandement à Meslim, son frère, avec l'ordre d'envahir de nouveau le territoire grec. Meslim, en recevant le commandement, s'était engagé par serment vis-à-vis de son frère à ne pas songer au retour avant d'être parvenu à renverser l'empire grec, à détruire de fond en comble Constantinople, et à consacrer à son culte profane la basilique de Sainte-Sophie, fondée par la sagesse divine pour servir sur la terre de demeure à Dieu.

C'est avec cette ferme résolution que l'émir arabe entra en campagne. Il envahit presque toutes les provinces grecques (dans l'Asie mineure) et ne s'arrêta qu'au bord du Pont-Euxin, où il campa avec toute son armée et ses munitions. Fier de sa force et plein de dédain pour l'empereur Léon, il lui adressa, bientôt après son arrivée, un message méprisant et injurieux, dont voici l'extrait : « Qu'est-ce que signifie cette obstination qui t'empêche de te soumettre à notre puissance, surtout quand nous avons frappé de terreur tous les peuples? En qui as-tu mis ton espoir, que tu aies pris la résolution de persévérer dans ton entêtement? Est-ce que tu ignores tous les malheurs dont nous avons abreuvé tous ces États qui ont essayé de nous opposer quelque résistance; nous les avons battus et brisés comme des pots de terre, et nous sommes devenus les maîtres de toute la terre fertile, parce qu'il fallait que l'ordre et la promesse divine faite à Ismaël, notre père, fussent accomplis, et c'est ainsi que nous avons subjugué toutes les puissances de la terre. Est-ce que tu n'as pas vu combien ton territoire a souffert et à quels immenses dangers il a été exposé, même sous ton règne, lorsque je l'ai envahi, et que j'ai détruit un grand nombre de tes cités et exterminé tes troupes? Sache donc que si tu ne consens pas à te soumettre à notre puissance, je te déclare que je suis engagé par serment à ne pas revoir mon pays natal avant d'avoir renversé ton empire, rasé les fortifications de cette capitale dans laquelle tu as mis tout ton espoir; fait du lieu de ton culte, de la basilique de Sainte-Sophie, un bain pour mes troupes, et brisé sur ta tête le bois de la croix que tu adores, afin qu'on connaisse la grandeur et la gloire de notre religion devant l'Éternel, et l'assistance qu'il lui prête. »

C'est dans ces termes si injurieux et si insultants que l'émir arabe écrivit à l'empereur Léon. Celui-ci, à la suite de la lecture de cette lettre, ordonna aussitôt au patriarche, au sénat et au peuple tout entier de sa capitale, de faire une prière générale dans l'église de Sainte-Sophie, pendant trois jours consécutifs. La ville tout entière s'ébranla, et la population accourut à la basilique, répondant ainsi aux vœux de l'empereur; enfin l'empereur lui-même s'y rendit, et il exposa le libelle devant le Seigneur, à la manière d'Ezéchias, en invoquant la clémence dont le Sauveur a, dès l'origine du monde, usé envers les siens. Il supplia le Dieu de l'univers de venir à son aide et de le venger de son méchant ennemi; il rappelait les outrages de Meslim, en répétant le passage suivant de David : « L'ennemi a tout renversé au lieu saint. Tes adversaires ont rugi au milieu de tes synagogues; ils y ont mis leurs enseignes. Là, chacun se faisait voir[1].» Telle fut l'humiliation à laquelle il se soumit lui-même en jeûnant durant trois jours. Puis il adressa à l'émir arabe une lettre dont voici la copie[2] : «Pourquoi as-tu tant vanté ta méchanceté, toi qui es puissant à commettre l'iniquité? Pourquoi as-tu aiguisé ta duplicité comme un rasoir, et t'es-tu révolté contre le Tout-Puissant, en proférant des injures contre Jésus-Christ, notre Sauveur, qui est dans les hauteurs des cieux, et contre moi, qui porte son trône; je suis, par conséquent, plein d'espoir que sa miséricorde, que tu as outragée, se vengera de toi, et que ta bouche profane, d'où sortent tant de blasphèmes contre le Souverain des souverains, contre sa ville, contre le temple dé-

[1] Psaume LXXIV, 3-5.
[2] C'est plutôt un extrait qu'une copie.

dié à son glorieux nom, et contre moi, gardien du trône du Christ, sera fermée par le Seigneur, selon l'imprécation de David, qui dit : « Qu'elles soient fermées les bouches de ceux qui disent des choses impies. » Quant à moi, « je ne me confie point en mon arc, et ce ne sera pas mon épée qui me délivrera, mais sa droite, et son bras, et la lumière de sa face [1], » qui peuvent certes écraser ceux qui se vantent dans leur orgueil, comme toi, qui n'as jamais voulu penser que tu dois rendre compte de ta conduite, pour avoir versé le sang de tant de mes sujets, et pour en avoir encore entraîné tant en esclavage ; car ce n'est pas pour la justice de ta cause, mais c'est pour nos péchés que Dieu a permis que le bâton des méchants entrât dans la possession des justes, afin que nous connaissions notre propre faiblesse et que nous prenions la résolution de nous conduire selon la volonté du Créateur. Or, ne tente point Dieu, notre Seigneur, qui peut te faire engloutir, avec toute la multitude de tes troupes, au fond de la mer ; qui peut, dis-je, soulever les flots de cette mer, aujourd'hui comme autrefois la mer Rouge, lorsqu'il résolut la perte de Pharaon le cruel. Alors ce fut la verge de Moïse qui fit tourner les ondes de la mer contre les légions égyptiennes, pour leur perte, en les submergeant ; et ce même bâton n'était que le modèle de la croix toute-puissante de Jésus-Christ, que tu as insultée aujourd'hui. Si tu prends donc le parti de te retirer de mon territoire, tu choisiras ce qui t'est meilleur pour ta propre personne et pour tes troupes ; dans le cas contraire, fais immédiatement ce que tu as conçu. Quant

---

[1] Psaume CXIV. 3 5

au Seigneur, il agira, sans doute, comme bon lui semblera ; il rendra son jugement, il délivrera son peuple et chassera nos persécuteurs, confondus de la honte. »

Cette lettre, loin de produire quelque bon effet sur l'esprit du généralissime arabe, l'irrita à outrance ; et enflammé par la colère comme une bête féroce il prit la ferme résolution de se battre contre le rocher solide (l'Eglise), son cœur s'endurcissant à l'instigation de Dieu, afin qu'il finît par tomber dans le piége, ce qu'il méritait, du reste, complétement.

La flotte arabe que l'on avait mis plusieurs jours à équiper, fut bientôt en état de prendre la mer ; il s'y embarqua lui-même avec toute son armée, ses munitions et ses approvisionnements, fit immédiatement voile pour Constantinople et arriva en vue de cette ville. Aussitôt que l'empereur aperçut cette multitude de vaisseaux ennemis ressemblant à une forêt plantée sur la mer, il donna l'ordre de dresser les grilles et de fermer la porte (de la baie) en tendant la chaîne. Il ne permit à personne des siens d'attaquer l'ennemi parce qu'il attendait la protection d'en haut pour lui-même, et le châtiment pour l'ennemi. Le patriarche, par son ordre, accompagné du sénat et de tous les habitants de la capitale, forma une procession solennelle et prononça une prière publique des plus ferventes ; l'empereur lui-même se mêla avec la foule portant en personne sur ses épaules le glorieux et invincible bois de la sainte croix de Jésus-Christ ; les fidèles portaient, les uns les lustres et les cierges allumés, les autres les encensoirs répandant partout le parfum en l'honneur de la précieuse croix, et tous entonnaient d'une même voix des hymnes à Dieu.

La porte de la ville fut ouverte, la procession en sortit et arriva au bord de la mer ; l'empereur tenant la croix au-dessus d'eux dit : « Viens à notre aide, Jésus-Christ, Fils de Dieu et Sauveur du monde ! » Après avoir répété trois fois cette oraison adressée au Très-Haut, il frappa du bois de la croix les ondes de la mer en y traçant le signe de la croix. A peine cet acte fut-il terminé que la mer commença à être agitée par la vertu de la sainte croix. Bientôt l'écume couvrit la mer tout entière, et il s'éleva une grande tempête. La flotte arabe ainsi surprise fit naufrage et périt avec plus de la moitié de son équipage, comme autrefois les phalanges de Pharaon. Une partie des équipages naufragés, qui s'était sauvée sur des planches, fut poussée par les flots et jetée sur les côtes de Thrace, et une autre dans les îles lointaines. Le chiffre des troupes montait à plus de 500,000 hommes. (??) L'empereur expédia partout l'ordre de ne pas faire mourir ceux qui, après avoir couru de si grands périls sur la mer avaient été sauvés, mais de tenir les Arabes dans un état de blocus pour que personne d'entre eux n'eût de communication avec le reste du pays, et qu'ils ne pussent se procurer de provisions d'aucune sorte. Une famine effrayante vint bientôt se déclarer au milieu des naufragés et les obligea d'abord à dévorer tous leurs chevaux et leurs mulets, puis leurs domestiques et leurs concubines, qu'ils égorgeaient pour satisfaire leur faim. L'émir arabe, réduit ainsi à une poignée d'hommes, envoya supplier l'empereur de vouloir bien leur faire grâce, en les délivrant de ce blocus,

L'empereur, touché de leur misère, et convaincu que le Seigneur s'était vengé de son ennemi, le fit venir en sa présence et lui fit de vifs reproches pour avoir envahi son territoire avec une insolence si manifeste, pour avoir versé impitoyablement le sang de ses soldats et pour avoir emmené en esclavage les habitants de tant de ses villes; ensuite l'empereur ajouta : « Or, le Seigneur est vivant et témoin que tu mérites la mort et nullement la vie; mais puisque le Seigneur a pris ma défense en tournant sur ta tête ton injustice et en redemandant de tes mains le sang de tant de gens innocents, moi, je ne veux pas t'appliquer d'autre châtiment ni te condamner selon ce que tu mérites; bien que ta personne se trouve sous ma main, et que je me trouve maître de ta vie et de celle des tiens, tu ne mourras pas cependant. Va vers les tiens et raconte l'œuvre de la puissance de Dieu accomplie devant tes yeux. »

Meslim dit alors à l'empereur : « Quoiqu'il me soit impossible de proférer quelques mots en ta présence pour ma justification, quoique je ne sois pas digne de vie pour les grandes fautes que j'ai commises sur ton sol, que j'avoue moi-même de ma propre bouche; cependant tu m'accordes la vie et tu me fais une grâce éclatante; et puisque tu as agi à mon égard avec tant d'humanité, veuille donc m'accorder encore la liberté de retourner dans ma patrie, et je te jurerai de ne jamais reprendre les armes contre toi. » Sa demande lui fut accordée par l'empereur; il s'embarqua bientôt après et fit voile pour la Méditerranée, d'où il gagna bientôt honteusement son pays. Sur tout son chemin il ne fut accueilli par les populations des différentes villes qu'avec des cris de détresse et de lamentation ; tous se frappaient le front et jetaient en l'air de la cendre. Quant à lui, complétement consterné, à tous les reproches qu'on lui adressait il ne répondait rien si ce n'est « qu'il lui était impossible de faire la guerre à Dieu. » Il se retira ensuite dans sa maison et ne ceignit jamais plus l'épée jusqu'au jour de sa mort.

Le calife Héscham remplaça, à cette époque, dans le commandement supérieur de l'Arménie, Seth-Harache par Mervan, fils de Mahomet. Le nouveau gouverneur, arrivé devant les portes de Devine (alors capitale de l'Arménie), fut accueilli par les nakharars arméniens, auxquels il témoigna de ses intentions pacifiques. Il fit venir chez lui Achott, fils de Vaçak de Bagratouni, qu'il investit, par ordre de Héscham, de la dignité de patrice de l'Arménie, et qu'il combla de grands honneurs.

Grégoire et David, fils de Sembath (de Mamikon), aussitôt qu'ils furent instruits de l'élévation d'Achott à la dignité de commandant des troupes arméniennes, et surtout de l'estime que lui témoignaient Héscham, le calife, et Mervan, l'émir d'Arménie, se déclarèrent contre lui et cherchèrent à lui soulever partout des embarras. Le bruit de leur animosité croissante contre Achott parvint enfin à la connaissance de Mervan, qui les fit immédiatement arrêter, et les envoya chez le calife, en les accusant de s'être rebellés contre l'autorité d'Achott jusqu'à lui avoir fait ouvertement la guerre. Ils furent condamnés par le souverain des Arabes à demeurer pour toute leur vie dans le désert d'Yémen.

Consolidé ainsi dans son pouvoir de patrice, Achott entreprit de se rendre dans la capitale du prince des

Musulmans. Le but de ce voyage était de mettre un terme aux vexations que l'on exerçait dans son pays, et de faire payer les sommes dues aux nakharars arméniens et à leur contingent, qu'on n'avait pas payées depuis trois ans. Dans l'audience que lui accorda Héscham, il exposa l'objet de son voyage d'une manière si sage et dans des termes si convenables, qu'il s'attira la bienveillance de son souverain qui le combla d'honneurs, du reste bien mérités, et lui accorda tout ce qu'il demandait, en donnant l'ordre de lui compter immédiatement la somme de 300,000 pièces pour les années écoulées, c'est-à-dire 100,000 pièces pour chaque année. Dès cette époque, et durant tout le règne de Héscham, la cavalerie arménienne fut payée régulièrement et sans aucune entrave.

Après cela Mervan, fils de Mahomet, gouverneur général d'Arménie, s'occupa de mettre sur le pied de guerre une armée nombreuse, à laquelle se joignirent Achott le commandant, et ses nakharars avec leur cavalerie. Avec cette armée, Mervan et Achott entreprirent une invasion dans le pays des Huns, et prirent d'assaut la ville (probablement Tharkhou), après avoir massacré sa garnison. La plupart des habitants, poussés au désespoir par la prise de leur ville, jetèrent leur fortune dans la mer (Caspienne), où ils se précipitèrent ensuite eux-mêmes en y cherchant la mort. Quant à Mervan et au prince Achott, après avoir fait un grand nombre de prisonniers parmi les Huns et enlevé d'immenses richesses, ils se retirèrent en triomphe. Arrivé à Partave ou Berdé[1], ville commerçante, Mervan

---

[1] Une des villes les plus populeuses, les plus industrieuses et les plus commerçantes de la grande Arménie, dans les temps anciens, située sur les bords du Tharthar, affluent de l'Araxe; ce n'est plus aujourd'hui qu'un

fit choisir la cinquième partie des prisonniers et du butin qu'il envoya à Héscham, son maître, comme présent, en y joignant un rapport contenant le récit de la victoire qu'il venait de gagner. Le calife, fort content de l'heureux succès de cette expédition et de ce beau présent d'esclaves et de butin, exprima à Mervan et à son armée toute sa satisfaction; il n'oublia pas, à l'occasion de cette victoire, d'adresser de vifs reproches à Meslim, son frère, qui lui répondit : « Je ne me battais pas contre des hommes, mais contre Dieu; tandis que Mervan ne s'est battu que contre des bêtes de somme. »

Le reste du butin et des Huns fut partagé par Mervan entre ses troupes; il en donna aussi une partie à Achott et à d'autres des principaux nakharars arméniens. Après avoir bien consolidé son pouvoir en Arménie, Mervan s'occupa énergiquement d'établir partout la sécurité publique; il y fit disparaître complétement toute sorte d'empiétement, de violence, d'excursions et d'injustices. Les malfaiteurs, les bandits, les voleurs et les ennemis de la tranquillité publique devaient avoir d'abord pour punition les pieds et les bras mutilés; puis on les pendait.

Héscham mourut dans la troisième année de son règne. Valid II[1] lui succéda, et n'occupa le trône qu'un an et demi. Doué par la nature d'une grande force corporelle, il aimait passionnément les combats singuliers et les luttes, et il faisait venir de tous les

---

misérable hameau occupé par quelques familles arméniennes sorties de la Perse en 1828. L'époque où elle fleurit le plus furent les huitième et neuvième siècles de notre ère, sous la domination arabe. Son collége de l'Islamisme, ses établissements scientifiques étaient des plus considérables dans le monde musulman.

[1] Dans le texte arménien, il s'appelle Velith.

côtés, chez lui, les gens renommés pour leur force extraordinaire, afin de pouvoir se battre avec eux; en outre, il s'était adonné complétement à l'ivrognerie et à la débauche. Les principaux chefs des Musulmans, dégoûtés des excès de leur souverain, s'adressèrent aux docteurs de leur religion, appelés karahs[1] pour leur demander leur avis à ce sujet. Ils répondirent : « Puisqu'il a insulté la dignité de notre souveraineté, en foulant à ses pieds la règle sanctionnée par notre prophète, et s'est adonné à des débauches détestables, il mérite la mort; qu'il soit mis à mort. » Alors, munis de cette sentence qu'ils venaient de recevoir de leurs docteurs, les conspirateurs se rendirent au palais et assassinèrent leur souverain pendant qu'il dormait, étourdi par le vin, et ils proclamèrent calife un certain Soliman[2], descendant de la même famille royale.

Aussitôt que Mervan eut appris la nouvelle de la mort violente de Valid, son souverain, il réunit immédiatement toutes ses troupes, et laissant à sa place Isaac, fils de Meslim, gouverneur de l'Arménie, il se mit en route pour aller faire la guerre à ses propres concitoyens, comme pour se venger de la mort de Valid et de son fils. Chemin faisant il se joignit à lui quelques-uns des parents des victimes, et beaucoup d'autres Arabes; de sorte que son détachement, s'accroissant continuellement, devint une armée très nombreuse. Alors Mervan prit l'offensive, franchit l'Euphrate et se porta à Rouspas, aux environs de Damas.

[1] Karah ou Mikra, d'ou dérive *Mokris*, mot arabe qui signifie *Lecteur* (du Koran).

[2] Suivant l'abbé de Marignie c'est Yézid III qui aurait succédé à Valid II; il aurait régné un an; après lui, Ibrahim aurait aussi régné un an, et enfin Mervan II aurait occupé le trône pendant sept à huit ans.

Là les deux armées se rencontrèrent. Plusieurs batailles furent livrées durant plusieurs jours, toujours avec le même acharnement et avec des pertes considérables de part et d'autre. L'engagement, commencé à l'aube du jour, ne finissait qu'au soir à l'heure où on était obligé de faire la dernière prière ; la prière finie, chaque armée se mettait à pleurer et à enterrer ses morts, et s'adressait réciproquement les paroles suivantes : « Nous ne sommes que des frères, nous sommes de la même nation, nous parlons la même langue et nous ne formons qu'une seule et même puissance ; pourquoi donc nous égorgeons-nous les uns les autres ? » Le lendemain, à un signal donné, ils recommençaient la lutte. Cela dura plusieurs jours consécutifs. Enfin Mervan en sortit victorieux, et après avoir battu complétement ses adversaires et tué Soliman, il se fit proclamer souverain des Arabes et régna pendant six ans.

Durant tout le règne de Mervan, la guerre allumée au sein des enfants d'Ismaël ne discontinua pas. Mervan assiégea Damas et s'en rendit maître en brisant les portes de fer. Alors tous les hommes d'un âge mûr qui étaient de race arabe furent condamnés au supplice : on les attacha à quatre pieux dressés à cette occasion, et on tailla leurs figures à coups de hache jusqu'à ce qu'ils eussent succombé dans ces tortures cruelles ; on coupa en deux par le milieu du corps les femmes enceintes ; on plaça les enfants mâles jusqu'à mi-corps dans les murs, et l'on continuait après à les achever en les faisant mourir dans d'horribles souffrances ; on emmena en esclavage les filles vierges aussi bien que la foule immense de la population de basse condition, parce que le châtiment du Seigneur avait atteint cette ville à cause de l'immensité des iniquités qui y régnaient ; c'est ainsi que s'accomplit la prophétie d'Amos : « A cause de trois crimes de Damas, même à cause de quatre, je ne rappellerai point cela ; mais je le ferai, parce qu'ils ont froissé Galaad avec des herses de fer : Et j'enverrai le feu à la maison de Hazaël, et il dévorera le palais de Bénadad. Je briserai aussi la barre de Damas, et j'exterminerai de Bikhath-Aven ses habitants, et de la maison de Héden celui qui y tient le sceptre, et le peuple de Syrie sera transporté à Kir, a dit l'Éternel[1], » et ce furent les habitants de Harran qui la détruisirent conformément à la prédiction du Prophète. Cependant je tiens ici pour nécessaire d'apprendre pourquoi le Prophète annonce que toute sorte d'iniquité se renferme en trois catégories (qui sont pardonnables), et pourquoi il ajoute que la quatrième met en colère le Seigneur. Il me paraît que la ville des impies pouvait être infectée d'impiétés de plusieurs genres, et que les habitants, pervertis dans leurs esprit, dans leurs sentiments et dans leurs cœurs, pouvaient commettre l'assassinat, la rapine et les débauches, conséquences abondantes et funestes de la corruption de ces facultés. La quatrième iniquité consistait en ce que, non-seulement ils ne craignaient pas le châtiment de Dieu, mais qu'ils l'accusaient encore comme moteur de tous les désordres qu'ils commettaient ; alors Dieu, bien qu'étant la source de toute bonté, bien que doux et indulgent, se mit en colère et les punit de leur iniquité.

Pendant que la guerre civile qui embrasait la nation arabe tout entière se prolongeait sans interruption, Grégoire et David, fils de Sembath (de Mamikon

---

[1] Amos I, 3-5.

revinrent dans leur patrie. Ils avaient recouvré leur liberté quelque temps avant, par l'ordre de Valid; mais avant qu'ils eussent pu quitter la Syrie, ce souverain avait été tué, et ils s'étaient vus obligés d'y rester malgré eux; mais, à la faveur des troubles intérieurs qui allaient tous les jours croissant, ils pénétrèrent en Arménie. Peu après leur arrivée, ils se rendirent dans le département de Vaspourakan, où, par leurs cruautés et leurs actes de violence, ils provoquèrent un mécontentement général. Les habitants du pays en portèrent plainte devant Isaac, fils de Meslim, qui mit fin à ces désordres. Néanmoins, espérant profiter des circonstances de ce temps orageux, ils se soulevèrent de nouveau contre le pouvoir d'Achott et cherchèrent à le faire périr. Dans ce but, ils entreprirent contre lui une attaque nocturne, à l'heure où il reposait et où ses troupes étaient répandues dans les cantons d'alentour; mais la vigilance de la garde du prince déjoua cette entreprise. Le prince, instruit par sa garde du danger qui le menaçait de si près, ne dut sa vie qu'à sa fuite précipitée. Ils pillèrent alors le trésor du prince Achott, et chargés ainsi d'un immense butin, ils renoncèrent à le poursuivre; quant au prince Achott, convaincu de la mauvaise foi de Grégoire et de David, il se mit sur ses gardes et à l'abri de tout danger, du moins pour quelque temps: il fit placer ses biens dans la forteresse de Daruns, ainsi que sa femme et toute sa famille, sous la protection d'une forte garnison; ensuite il se rendit dans la Syrie pour rendre compte à Mervan, souverain des Arabes, des troubles survenus entre lui et ses nakharars.

L'arrivée du patrice Achott à la tête de son détachement sur le théâtre de la guerre, releva le courage de l'armée de Mervan et démoralisa les troupes ennemies. Celles-ci apprenant qu'Achott amenait 15,000 archers d'élite et parfaitement équipés, perdirent courage, et, battus dans le même jour, ils se retirèrent pour un certain temps.

Pendant l'absence du prince Achott, Grégoire de Mamikon prit à sa place, par ordre d'Isaac, gouverneur général d'Arménie, le commandement supérieur des troupes arméniennes.

Mervan prenant en considération la plainte portée par Achott contre les fils de Sembath, et informé de tout ce que David, frère de Grégoire, avait fait contre lui, expédia par Okba, un de ses officiers, à Isaac, gouverneur d'Arménie, l'ordre de se saisir de la personne de David et de le livrer entre les mains de cet officier pour le juger selon l'instruction dont il était porteur. Isaac exécuta cet ordre immédiatement, il s'empara par ruse de la personne de David et le mit à la disposition du cruel bourreau, qui l'enchaîna et le renferma dans une prison jusqu'à l'arrivée des nouveaux ordres de Mervan, à qui il venait d'adresser un rapport sur cette affaire. Enfin Mervan répondit qu'il fallait d'abord couper les mains et les pieds de l'accusé, puis l'étrangler. C'est ainsi qu'il mourut d'une mort misérable et ignominieuse, juste châtiment d'une conduite coupable devant Dieu. Le proverbe porte que les mauvaises semences produisent, sans faute, de mauvais fruits.

Mervan, après l'exécution de David, rétablit de nouveau Achott dans son pouvoir et le renvoya en Arménie comblé de grands honneurs; quant à Grégoire de Mamikon, bien que forcé par le despote de se réconcilier avec Achott, il ne le fit qu'en appa-

rence, et il ne s'attacha jamais sincèrement à son gouvernement; mais il nourrissait dans le fond de son
cœur une animosité implacable contre lui, et dès ce
moment il n'attendit qu'un moment favorable pour
venger la mort de son frère.

A la vue de cette guerre prolongée qui déchirait
l'Islamisme, tous les nakharars arméniens résolurent
à l'unanimité de s'insurger contre la puissance des
Arabes, et de reconquérir leur indépendance. Les
principaux instigateurs de cette rébellion étaient les
membres de la famille de Mamikon, qui, par cette
conspiration préparaient la chute d'Achott. En conséquence, tous les nakharars arméniens se rendirent
auprès du prince Achott pour l'engager à accepter
leur proposition et à adhérer à leurs vains projets.
L'aspect de cette ligue formidable de tous les nakharars arméniens, auxquels se joignait encore la milice
du pays tout entière, et qui étaient fermement ré-
solus à accomplir une si folle résolution, embarrassa
beaucoup le prince Achott. Il fit venir chez lui ses
nakharars les uns après les autres, et usa de toute
son éloquence pour les détourner de leur projet. Il
leur disait : « Votre projet n'est qu'imprudence et
imagination pure, sans raison, sans espoir de réus-
site; je vous le dis, il avortera. Nos forces sont trop
inférieures à celles des Arabes, nos maîtres; en vain
nous essayerons de résister, jamais, jamais nous ne
pourrons arracher notre pays à la gueule de ces dra-
gons. Tout le résultat que nous en retirerons sera de
nous être consumés en efforts inutiles, en combinai-
sons fatigantes. Mon avis est donc que nous renon-
cions à ces tentatives, que nous continuions à vivre
comme par le passé; jouissant des produits de nos

propriétés, de nos vignes, de nos forêts, de nos champs. » Non-seulement les nakharars arméniens n'écoutèrent point ces sages conseils, mais ils lui dirent : « Il nous est impossible de supporter désormais tant de calamités qui pèsent sur l'Arménie. Si tu ne consens pas à t'associer à notre projet, il ne te restera pas un seul soldat. » Le prince Achott se vit enfin dans la nécessité de céder à leurs désirs, et, malgré sa volonté, il entra dans la ligue formée par Grégoire et les autres nakharars arméniens. L'acte d'alliance fut confirmé par l'intervention de la sainte croix de Jésus-Christ, sur laquelle ils s'engageaient tous par serment à le garder avec fidélité.

Après avoir confirmé ainsi cet acte d'alliance, les nakharars arméniens se séparèrent du gouverneur-général arabe qui commandait en Arménie, et ils se rendirent dans la province de Taïque qui était pleine de places fortes, pour y mettre en sûreté leurs familles et leur fortune; ils comptaient surtout sur l'assistance que leur pouvait prêter l'armée grecque stationnée dans la province du Pont, et avec laquelle ils se trouvaient en très bonne intelligence à la suite d'un traité d'alliance conclu avec l'empereur Constantin. L'armée des insurgés s'augmentait sans cesse d'une foule de gens perdus de crimes, insensibles à la crainte de Dieu; de ces gens qui ne connaissent ni lois ni autorité, pas même celle de la vieillesse. Aussi féroces que des étrangers, ils se répandaient dans les provinces, attaquant leurs nationaux et leurs frères, battant, maltraitant, pillant à l'aventure. La mansuétude de Dieu, indignée de pareils actes, rompit leur ligue qui ne put durer même un an, et leur tentative de conspiration s'évanouit. Achott le commandant.

en compagnie de quelques-uns de ses nakharars, abandonna bientôt les confédérés et se rendit dans le village de Hazer, dans le canton de Bagrévand, avec l'intention de s'unir avec les enfants d'Ismaël. Là il fut trahi par les nakharars qui l'accompagnaient ; Grégoire le perfide, initié par eux dans le dessein d'Achott, et animé de cet esprit de vengeance qui était depuis longtemps comprimé dans son sein, réunit rapidement ses troupes, se mit à sa poursuite : il franchit les montagnes comme un corbeau, il l'atteignit dans l'obscurité de la nuit ; l'hôtel où logeait Achott fut envahi par Grégoire, déjà prévenu de l'hésitation des troupes du commandant, qui n'essayèrent point de le défendre. Il s'empara ainsi d'Achott et le remit entre les mains des serviteurs de David, avec l'ordre de lui crever les yeux. Ainsi, il jeta sur la gloire de l'Arménie comme un voile d'obscurité, et plongea dans le plus profond chagrin, non-seulement le prince, mais aussi tous les membres de sa famille qui, avertis trop tard, ne purent rien pour sa délivrance et durent se résigner à porter le deuil et pleurer le malheur qu'ils venaient d'éprouver dans la personne de la victime, malheur qui ravissait à leur famille sa couronne de magnificence. L'Arménie même perdit en lui sa gloire nationale. Quant à Grégoire, le traître, il gagna à la hâte la ville de Carine[1], et, comme au retour d'une grande victoire, il expédia de là des courriers aux différentes provinces pour annoncer la nouvelle de son triomphe. Cependant la punition divine ne tarda pas à fondre

---

[1] Aujourd'hui Erzeroum, une des villes les plus populeuses et les plus commerçantes de la Turquie d'Asie. Cette ville est, en outre, la capitale de l'Arménie turque.

sur lui, et il l'avait bien mérité du reste. Atteint d'une maladie d'entrailles compliquée d'enflure du ventre, il expira dans des souffrances horribles. Il mourut sans laisser d'héritier, et sa ligne fut éteinte. Il fut remplacé dans le commandement par Mouchegh, son frère, qui du reste n'exerça pas longtemps ses fonctions.

C'est ainsi qu'Achott gouverna l'Arménie pendant dix-sept ans d'une manière glorieuse. Il éclipsa tous les princes, ses devanciers. Après le complot (qui devait lui coûter la vue), il vécut encore treize ans et mourut dans un âge bien avancé. Ses obsèques furent célébrées en grande pompe à Dariuns, dans le cimetière de sa famille.

Je reprends le fil de mon récit. Pendant que Mervan, souverain des Musulmans, continuait la guerre contre sa propre nation, un autre incendie s'alluma à l'est de son empire, dans la province de Khorassan. Un grand nombre de personnages distingués parmi les Arabes, pour sauver leur vie menacée par une guerre si acharnée, s'étaient retirés dans le Khorassan où étaient arrivés aussi quelques-uns des descendants de la famille de leur prophète. Après y avoir passé quelque temps une vie obscure, ils gagnèrent l'armée et soulevèrent le pays. Cahathbas et un certain Abou-Meslim, homme fort versé dans la science astrologique [1], en

___

[1] L'art de l'astrologie, si connu et si suivi au moyen âge même dans l'Europe chrétienne, prit sa naissance dès les temps les plus reculés dans l'Orient, où il continua à être en vogue même après la chute du paganisme. Sous la domination arabe, l'astronomie, si négligée par les chrétiens des premiers siècles, fut cultivée de nouveau et même avec quelque succès. A côté de cette science si utile marchait l'astrologie, complétement fausse et contraire à la première, qui prétendait, par ses observations, du reste fort incomplètes, faites sur la marche des corps célestes, connaître la destinée et l'avenir de l'homme, trouver des trésors, décider le sort des batailles, prédire le sexe des enfants encore dans le sein de leurs mères, et mille

prirent le commandement supérieur. Les insurgés
attaquèrent le gouverneur de ce pays, le tuèrent et
attirèrent à leur cause toutes ses troupes, ainsi qu'une
grande partie de la population, fatiguée et tourmentée
par les vexations des officiers du fisc. Cette armée
d'insurgés, appelée aussi les régiments d'Abdoulla[1],
ou les enfants de Hescham, prit alors l'offensive;
elle envahit la Syrie, battit à plusieurs reprises
l'armée de Mervan et la mit en pleine déroute; car
c'était le Seigneur lui-même qui avait résolu sa chute.
Marchant toujours en avant, les insurgés traversèrent
le Tigre et soumirent à leur puissance une quantité
de villes. De tous les engagements qui eurent lieu
entre les insurgés et les troupes incessamment expé-
diées par Mervan à leur rencontre, les premiers sortirent toujours victorieux. A la suite de ces victoires,
toute l'étendue du territoire jusqu'au grand camp des
Tadjics[2], appelé Acola[3], leur fit sa soumission. Les
habitants d'Acola et de Bassora[4], enthousiasmés de
tant de bravoure, leur ouvrirent les portes de leurs
villes et se joignirent à eux. Mervan, instruit de cette
désertion, tomba dans une anxiété extrême; et, dans
son angoisse, ouvrant les caisses du trésor royal, il

---

autres puérilités. Les astrologues jouissent, même de nos jours, d'une certaine influence sur les ignorants en Turquie et s'appellent *munedjims* (con-
naisseurs des astres).

[1] Abdoulla ou Abdallah ne prit les armes que pour faire monter sur le
trône son neveu Aboul-Abbas, le rival de Mervan. Abdallah vainquit ce
dernier auprès de Mossoul en 750. Son frère Saleh le poursuivit en Égypte,
l'attaqua de nouveau et le tua dans une bataille en 752 (l'an 134 de l'hégire); et la dynastie des Ommiades finit en la personne de Mervan. (L'abbé
de Marignie, t. II, p. 509-596).

[2] Les Arabes nomades; ils sont appelés par les écrivains syriens du nom
de Tayé. (Voy. le *Lexic. Syriac,* de Castel, édition de Michaelis, p. 334.)

[3] Acula, ville prise par quelques-uns pour Koufa, et par quelques autres
pour une autre ville située près de Bagdad. Aboulféda. In *Chron. Syriac.* Mss.

[4] Actuellement Basrah

le distribua à ceux qui voulaient combattre avec lui. A force d'argent, il réussit enfin à créer une armée nouvelle, plus nombreuse, et marchant en personne à la tête de ses soldats; il alla à la rencontre des révoltés. Les préparatifs nécessaires étant faits et les dispositions prises, les deux armées en vinrent aux mains; plusieurs batailles furent livrees toujours avec le même acharnement; les champs offraient le spectacle d'un nombre infini de blessés et de morts, appartenant aux deux partis; la guerre se prolongea ainsi jusqu'à la fin de l'année. La sixième année du règne de Mervan, le châtiment de Dieu fondit sur lui, pour le punir des flots de sang qu'il avait répandus.

L'armée d'Abdoulla, renforcée par de nouvelles troupes, attaqua impétueusement le camp de Mervan, le força, pénétra jusqu'au centre; le carnage fut affreux. On assure que le chiffre des morts s'éleva à 300,000 hommes, et le sang si abondamment versé formait, dit-on, des ruisseaux au-dessus desquels il s'élevait comme une vapeur obscure. Les débris de l'armée, attaqués dans leur dernière retraite, furent anéantis, et Mervan lui-même, qui pendant six années avait répandu tant de sang, fait tant de guerres et causé tant de calamités publiques, Mervan tomba mort dans sa tente.

Aussitôt qu'Abdoulla[1] lui eut succédé sur le trône de l'empire musulman, il chargea son frère, appelé aussi Abdoulla, d'aller inspecter toute l'étendue de

---

[1] Mervan mourut en l'an 752 de l'ère chrétienne (134 de l'ère mahométane); son successeur fut Aboul-Abbès-Saffah, fondateur d'une nouvelle dynastie de Califes, connus dans l'histoire sous le nom des Abbassides. Il transporta aussi le siège du gouvernement de Damas à Bagdad ou à Samarath.

son empire. Abdoulla commença par l'Arménie. A
peine y fut-il arrivé qu'il commença à charger la population d'impôts et de contributions exorbitants. On
vit se renouveler les scènes horribles de tortures de
toute sorte ; il n'oublia pas de taxer aussi les morts ;
une multitude d'orphelins et de veuves éprouvèrent
les mêmes cruautés ; les prêtres et les ministres du
saint sanctuaire furent contraints par l'infâme supplice
de la bastonnade et du fouet à révéler les noms des
morts et ceux de leurs parents ; en un mot, toute la
population du pays, frappée d'impôts énormes, après
avoir payé de grandes sommes de *zouzé*[1] (d'argent),
devait en outre porter au cou des sceaux de plomb. La
corporation de nakharars ne fut pas plus heureuse que
les classes inférieures du peuple. Elle s'empressa de
lui presenter, pour sa part, des sommes considérables
en or et en argent, ainsi que des chevaux, des mulets et des habits d'une grande valeur, afin de pouvoir
satisfaire la voracité du dragon (Abdoulla) qui s'était
déchaîné pour ravager le monde. Ayant ainsi rassasié
ses instincts de rapine, Abdoulla quitta enfin l'Arménie pour s'en aller en Perse, en Médie[2], dans le
Khorassan, d'où il passa en Egypte et dans les provinces de la Pentapole[3] et d'Athèque. Partout où il
se rendit il fit preuve d'avarice et d'usurpation. Il
jetait comme un filet sur les habitants du pays, et les

[1] Sur la monnaie syriaque d'argent nommée zouza, voy. le *Lexic.
Syriac*, de Castel, édit. de Michaëlis, citée p. 246 et 247.

[2] Les Arméniens désignent sous le nom de Médie et de Mèdes le pays
immédiatement à l'est et au sud-est de l'Arménie, et une race qu'ils appelaient anciennement et même aujourd'hui Marks et quelquefois Kurdes ou
Kourdes. Ce peuple, qui a envahi depuis le onzième siècle de notre ère les
provinces méridionales de la grande Arménie, est presque nomade et fort
guerrier.

[3] *Pentapole* ou *Cyrennique*, nom des quatre provinces de la régence de
Tripoli. *Revue des Deux-Mondes*, t. XII, p. 6.

dépouillait entièrement de tout ce qui leur était même indispensable pour la conservation de la vie : sa propre nation elle-même ne l'appelait pas autrement que « le père du denier[1], » ce qui montre assez qu'il honorait l'argent plus que Dieu. En partant d'Arménie il en confia le commandement à Yézid, fils d'Oussac, qui devait percevoir les impositions. Celui-ci nomma, à son tour, commandant des troupes arméniennes, Isaac, fils de Bagarat, de la famille princière d'Achott, et son neveu. C'était un homme d'une taille distinguée, d'une belle physionomie, d'un caractère excellent et élevé dans la crainte de Dieu. Quoiqu'il ne cessât de commander la milice arménienne et de supporter toutes les fatigues du service militaire, en marchant partout où le gouverneur l'envoyait, cependant c'était malgré lui qu'il remplissait ces fonctions, le salaire annuel fourni par l'État étant supprimé. Le gouvernement, ne voulant plus entretenir la milice arménienne, exigeait cependant que les nakharars arméniens tinssent toujours équipé à leurs frais le même nombre de troupes, et continuassent comme par le passé le service militaire.

Abdoulla mourut à la fin de la troisième année de son règne. Il eut pour successeur son frère, du même nom que lui, et dont le règne dura vingt-deux ans[2]. A cette époque, l'empereur des Grecs[3] entreprit, à la tête d'une armée nombreuse, une excursion dans la

---

[1] *Macine*, l'historien arabe, dit que le calife *Al-Manzor* fut appelé *Douanek* « père des oboles, » parce qu'il avait imposé la taxe d'une obole par tête pour faire creuser les fossés de Bagdad.

[2] Ce prince est connu dans l'*Histoire des Arabes sous le gouvernement des Califes*, de M. l'abbé de Marignie, sous le nom d'Abou-Djaffar-al-Mansor.

[3] C'est Constantin Copronyme, dont le règne dura de 741 à 775 de notre ère.

province de Carine, et s'empara de Théodosopole (Erzeroum), sa ville principale. Par son ordre, toutes les fortifications de cette ville furent immédiatement détruites.
Il vida le trésor public, où se trouvaient encaissées des
sommes considérables d'or et d'argent, et où on trouva
une partie du bois de la croix du Seigneur, qu'il fit
enlever aussi. En quittant la ville, il fit conduire dans
ses possessions toute la garnison et les habitants de
Théodosopole, en grande partie Sarrazins, ainsi que
tous les chrétiens qui sollicitèrent de l'empereur la permission de le suivre pour échapper au joug des Arabes.
Ils firent à la hâte leurs préparatifs, quittèrent leur
pays natal et se transportèrent sur le sol du souverain
pieux, pleins de confiance en son honneur et en la
vertu de la croix du Seigneur.

L'année suivante, Yézid, ayant réuni les troupes
qu'il commandait, marcha sur la Carine, frappa les
habitants de contributions et fit réunir une foule considérable d'ouvriers, qui, sous la direction de chefs
de travaux, se mirent à reconstruire les fortifications
renversées de cette ville ; puis il fit venir des familles
arabes dont il peupla de nouveau cette ville et aux-
quelles il confia sa défense contre toutes les attaques
des ennemis. L'Arménie fut chargée de leur fournir
des approvisionnements.

Les mauvaises passions de cette injuste nation, son
amour pour les troubles continuaient à bouleverser
la tranquillité de l'Arménie. Ces enfants de Bélial sui-
vaient partout leur penchant naturel à la malignité.
Ils formèrent ainsi, sous la conduite d'un certain Su-
leïman, homme impie, avec quelques scélérats persans, une bande de brigands et entreprirent une
excursion dans le département de Vaspourakan, en

y maltraitant les habitants. Dans une rencontre qui eut lieu entre ces brigands et Isaac et Hamazasp, son frère, nakharars d'Ardzerouni, suivis d'une poignée de leurs gens d'armes, ces derniers eurent la retraite coupée. Les brigands voyant leur petit nombre, les enveloppèrent de tous côtés avec l'intention de les massacrer tous; cependant Isaac et Hamazasp, en présence de ce danger, ne songèrent qu'à faire usage de leurs sabres; ils attaquèrent les ennemis et en sabrèrent un grand nombre, se frayèrent un passage et voulurent se mettre en sûreté. En ce moment, Hamazasp, grièvement blessé et renversé de sa monture, fut entouré par les ennemis et tué; Isaac voyant la mort de son frère qu'il aimait beaucoup, voulut lui-même périr; il descendit de son cheval dont il coupa la bride, et dans un emportement de colère il recommença la lutte; un grand nombre de brigands périrent sous ses coups, mais lui-même finit par succomber. Ainsi moururent ces dignes nakharars, fils de Vahan d'Ardzrouni.

Aussitôt que la nouvelle de cette mort fut parvenue à la connaissance de Gaguik, leur frère, et d'autres nakharars leurs vassaux, ils se rendirent à l'instant même sur le théâtre de la lutte en poussant des cris lamentables, mais ne pouvant atteindre l'ennemi ils remplirent le triste devoir d'enterrer les victimes. Les ennemis regagnèrent leur pays, mais leur chef Souleiman avec beaucoup des siens tomba dans les mains de Gaguik d'Ardzrouni, et ils furent tous mis à mort.

Yézid, en sa qualité d'émir d'Arménie, envoya une députation au roi du Nord (Caucase) ou Kha-quan, pour lui exprimer le désir de former avec lui une alliance de famille, et de créer par là entre eux une paix durable. Le roi des Khazirs[1] agréa sa proposition et lui donna en mariage Khathoune, sa sœur, qu'il envoya avec une suite nombreuse composée de serviteurs et de servantes. Khathoune mourut peu de temps après son mariage, et la paix conclue par ce mariage fut rompue, parce que sa mort fut regardée comme la conséquence d'un crime. Le roi des Khazirs, après avoir réuni un bon nombre de troupes, mit à leur tête Rajtharkhan de Cathirlithber[2] et lui ordonna de marcher contre le pays commandé par Yézid. Rajtharkhan traversa le Cur[3], fleuve considérable du Nord, puis les cantons de Hedjar, de Kagha, de Vostani, de Marzpanien, de Haband, de Kéghavon, de Chaqué, de Bekh, de Khéni, de Kambekhdjan, de Khoghmaz, tous situés en Albanie, il envahit aussi le riche territoire de Baghas[4] qui nourrit une immense quantité de bestiaux de tout genre, et il enleva tout le bétail qu'il trouva. De là il se dirigea vers la Géorgie et il envahit les sept provinces de Shoutshes, Queveshkapoc, Tscheld, Dzouketh, Vélisdzikché, Thianeth et Erc. Après avoir ravagé ces provinces, fait un grand nombre de prisonniers et enlevé un immense butin, les Khazirs rentrèrent dans leurs foyers ; quant au vaniteux gouverneur d'Arménie, atteint de la goutte, il n'osa pas même se montrer, et resta caché chez lui comme un être privé de raison, se bornant à contempler d'un

----

[1] Khazirs, Khazars, Khatzirs, Akatzirs, race des Huns blancs.
[2] Ou Khathirchethber.
[3] Ancien Cyrus, en géorgien Mtchevari ou Mtevar.
[4] Aujourd'hui, si je ne me trompe pas, c'est la prairie de Moghan ou de Moughan, située non loin de mer Caspienne, sur la frontière de la Russie et de la Perse.

œil indifférent la dévastation du pays. Peu après, le même monstre qui avait couvert l'Albanie de nombreuses ruines, abandonna son maître et s'allia avec le souverain des Musulmans, auquel il envoya son fils en otage, mais il fut tout à coup tué près des Portes Albaniennes.

Je veux parler ici d'un certain Dzaleh, homme turbulent, impie et sanguinaire, qu'Abdoulla avait envoyé en Arménie. Beaucoup d'entre les habitants, ne pouvant plus supporter les vexations qu'exerçait cet homme, se cachèrent pour se mettre en sûreté ; il arriva même que quelques-uns des nakharars arméniens abandonnèrent complétement leurs possessions pour aller chercher, sur le sol grec, un abri sous la protection de l'empereur Constantin. Quant à Gaguik, prince du domaine d'Ardzrouni, n'ayant pu suivre leur exemple, il se retira dans le château fort de Nekan, puis il forma une bande de ses nakharars et de leur milice, avec laquelle il faisait des excursions fréquentes dans les provinces de Zaréhavand[1], de Routaxe, de Zidro, de Tassouk, de Gaznak, d'Ouroumi[2], de Sourénabade, et dans d'autres encore qui limitaient toutes l'Aderbéjan. Pendant ces excursions, Gaguik et les siens commettaient des actes indignes d'un chrétien et désagréables à Dieu ; ils se conduisaient à la manière des infidèles ; ils mettaient à contribution toutes les contrées qu'ils traversaient, et usaient de beaucoup de violences et de cruautés pour percevoir leur argent. Arrivés dans la province de Her ils y furent surpris par Roub, capitaine arabe, qui leur blessa beaucoup

---

[1] Ou Zaravand.
[2] Ou Vormi, sur les bords du lac du même nom : se trouve dans la Perse occidentale.

de monde et contraignit le reste à se retirer dans la forteresse de Nekan, d'où, par ses manœuvres autour de la place, il essayait de les attirer dans une embuscade. La défaite de ses troupes contraignit le prince d'Ardzrouni à rester renfermé momentanément dans sa forteresse et à ne plus tenter d'invasions injustes. La place fut ensuite assiégée par un autre corps d'armée, sous les ordres du général Moussé. Le siége dura un an, et tous les efforts employés pour réduire la forteresse avortèrent. L'assiégeant commença de fausses négociations pour arriver à une paix, et par ce moyen il parvint à s'emparer de la personne de Gaguik, qu'il livra entre les mains du calife. Celui-ci l'enchaîna, le mit en prison et lui fit subir d'insupportables tortures, afin de le contraindre à rembourser les sommes qu'il avait perçues dans la Perse sous la forme d'impôt. Pour recouvrer sa liberté, Gaguik restitua tout ce dont il disposait sans rien cacher ; mais ce fut inutilement, il expira dans les souffrances de la prison comme un misérable. Hamasasp et Isaac, ses fils, restèrent longtemps encore en prison, jusqu'à ce que le cruel bourreau (le souverain des Arabes), attendri de leur sort, se réconcilia avec eux et les envoya en Arménie d'une manière honorable.

Sous le règne d'Abdoulla II[1] et le commandement d'Yézid, l'Arménie fut frappée de contributions extrêmement onéreuses. L'avarice infernale de l'implacable ennemi ne se contentait pas de dévorer la chair des chrétiens, la fleur du pays, ni de boire leur sang comme on boit de l'eau, l'Arménie tout entière souffrait horriblement à cause du manque absolu d'ar-

---

[1] C'est toujours Abou-Djaffar-al-Manzor, que notre texte appelle tout simplement Abdoulla.

gent. Chaque individu, en donnant même tout son
avoir, ses habits, ses provisions et les choses de première nécessité, ne parvenait point à payer sa rançon
et à racheter sa personne des tortures. On avait dressé
partout des potences, des pressoirs et des échafauds;
on ne voyait partout que des supplices affreux et
continuels. Beaucoup d'habitants se virent obligés
d'aller chercher leur salut dans des grottes et dans
des excavations. Quelques-uns, poussés par l'impossibilité de ne pouvoir payer tout ce qu'on exigeait
d'eux, mettaient fin à leur misérable existence en
se précipitant du haut des rochers ou en se noyant
dans les fleuves. Pourtant on pressait sans relâche la
population de payer des contributions en argent qu'il
lui était impossible de se procurer. Par suite de ces
vexations, l'Arménie dépouillée complétement de
toutes ses richesses fut réduite à la dernière misère,
et toute la population, même les nakharars et les
gens distingués, furent réduits à une vie des plus
pitoyables[1]. Le prince Isaac et le catholicos Terdad,
de la famille des nakharars de Vanand[2], protestèrent
plus d'une fois contre ces mesures devant Yézid,
percepteur des contributions; mais il resta inflexible.
Le pays éleva enfin des cris d'indignation, qui parvinrent aux oreilles d'Abdoulla et l'obligèrent à ré-
voquer Yézid de ses fonctions. A sa place, il envoya
Bagar, fils de Meslim, qui ne put rester même un
an dans sa charge, ayant été remplacé au bout de
peu de temps et sans aucun motif par un certain

[1] Le texte arménien dit : « tiraient leur nourriture du fourneau de la
misère. »

[2] Dont le chef-lieu est actuellement Kars, ville de 12,000 âmes, sur la
route qui va d'Erzeroum à Alexandropol ou Guimri.

Hassan. Le calife, par ces intrigues, s'efforçait d'abaisser l'Arménie en la faisant souffrir de plus en plus; ou plutôt ce n'était pas lui, mais la volonté (de la Providence) qui dirige les princes, et dont la colère se manifestait par l'apparition d'essaims de sauterelles, par d'énormes quantités de grêle et par la sécheresse.

Hassan-ebn-Cahathbas, nouvel émir d'Arménie, arriva accompagné de forts détachements tirés de l'armée de Khorassan. Ces derniers, par leurs débauches exécrables, augmentaient de plus en plus les gémissements et les calamités publiques; c'était le Seigneur qui endurcissait leurs cœurs pour nous faire expier nos actes pervers; et, en effet, outre la famine, le carnage et les tremblements de terre qui dévastèrent sous son règne l'Arménie, nous vîmes les catholicos insultés, les évêques méprisés, les prêtres tourmentés et battus, les princes et les nakharars défaits. Les nobles arméniens, ne pouvant plus supporter toutes ces calamités tyranniques, manifestaient à haute voix leur affliction et leurs plaintes; quant à la classe inférieure de la population, elle avait été exposée à différentes sortes de supplices : les uns subissaient la flagellation pour n'avoir pu s'acquitter de contributions exorbitantes, les autres étaient suspendus aux potences, ou écrasés sous les pressoirs; d'autres étaient dépouillés de leurs vêtements et jetés dans les lacs au milieu d'un hiver extrêmement rigoureux; et des soldats échelonnés sur la rive les empêchaient d'aborder, et les forçaient à périr misérarablement; il m'est enfin absolument impossible de présenter une description complète de toutes leurs souffrances.

Je vais raconter ici l'acte de cruauté le plus horrible accompli par les Arabes. Les nakharars de la nation arménienne, affligés par tant de calamités, résolurent, au péril même de leur propre vie, d'entreprendre une chose qui, vu leur petit nombre, était trop hardie pour avoir le moindre succès. Préférant une mort héroïque à une vie pleine de périls, ils résolurent de déployer l'étendard de l'insurrection et se soulevèrent contre la domination arabe. Artavazd de Mamikon fut le premier qui donna le signal. Il se rendit à Devine, alors capitale de l'Arménie, il se procura une quantité considérable de munitions, des armes et des instruments de guerre pour son propre usage et pour celui de ses troupes. Pendant tout le temps qu'il consacra à ces préparatifs, il feignit d'être fort dévoué aux intérêts des Arabes, et de ne s'armer qu'afin de pouvoir battre leurs ennemis. Ayant achevé ses préparatifs, il se déclara contre eux (les Arabes). Parti de Devine, il se rendit au village de Koumaïr, dans le canton de Shirak [1], où il fit mettre à mort l'officier du fisc et s'empara de tout ce qu'il possédait. Accompagné de toute sa famille et de plusieurs autres nakharars du pays, il se mit en marche vers la Géorgie. A la nouvelle de cette révolte, Mahomet, à la tête de ses troupes et suivi de Sembath, fils d'Achott, commandant en chef la milice du pays, et de plusieurs nakharars, se mit à la poursuite des rebelles. Arrivé en Géorgie, dans la province de Samtzekhé, il occupa les défilés (par où les insurgés devaient passer), parvint par ce moyen à reprendre une partie de leur butin et les poursuivit jusqu'à ce

---

[1] Un des cantons du département d'Ararat dont la capitale fut, au neuvieme et au dixieme siècle, Ani, la résidence des rois d'Arménie de la dynastie de Bagratouni.

qu'ils eussent franchi les frontières de l'Arménie. Une fois parvenus dans la province des Eguers [1], les insurgés s'y installèrent, et Artavazd s'empara de la principauté de ce pays ainsi que de celle de l'Ibérie [2] (Géorgie). Hassan, encore plus irrité de cet acte d'Artavazd, envoya aussitôt dans toutes les parties du pays placé sous son administration, l'ordre de procéder, dans le plus bref délai, à la perception de nouvelles contributions tyranniques. Cela motiva de nouveaux mécontentements parmi les habitants, d'autant plus que le pays ne contenait plus d'argent.

Mouchegh de Mamikon, fils du comte Hrahatt, nakharar, indigné de pareils actes, forma une ligue avec quelques-uns des nakharars arméniens, et s'insurgea contre la puissance des Arabes. Comme quelques guerriers de cette nation étaient venus à cette époque chez lui pour lui réclamer la rançon ou le prix du sang de leurs parents tués par des membres de sa famille, il les fit tous passer au fil de l'épée ; ensuite il se retira avec toute sa famille dans le château fort d'Artaguers. Peu après il en sortit ayant sous son commandement 60 guerriers, pour faire une excursion dans le district de Bagrévand. Là il s'empara de la personne d'Aboumdjour, officier percepteur d'impôts, et de toute sa suite, leur fit trancher la tête, et arrêta ainsi dans le pays la perception des impôts de toute nature. Cette affaire attira autour de lui une foule de malheureux et d'affligés ; il réveilla aussi

---

[1] Actuellement la Mingrélie, au bord de la mer Noire, province peuplée essentiellement par la race géorgienne.

[2] Cette domination d'Artavazd sur la Mingrélie et l'Ibérie ne fut évidemment que momentanée ou ne s'étendit que sur une partie de ces pays, parce que, à cette même époque, nous y trouvons des princes indigènes.

l'attention de ses ennemis, qui dès ce moment ne songèrent qu'à sa perte. Une compagnie de troupes arabes, forte de 200 hommes parfaitement armés, fut d'abord dirigée contre lui, de la ville de Carino (Erzeroum). Pendant que cette compagnie campait dans un des vignobles du village de Kars, Mouchegh la surprit suivi d'une poignée d'hommes. Favorisé par la nuit, il l'investit complétement, et à un ordre donné on procéda à la démolition de l'enceinte légère du vignoble faite de pierres sèches entassées. Les chevaux des Arabes, épouvantés par le bruit des pierres qui tombaient avec fracas, coururent en tous sens et écrasèrent bon nombre de cavaliers. Mouchegh, devenu ainsi maître du camp, s'empara des armes, des chevaux et de tout l'armement des morts; il les distribua à ses troupes, puis il se dirigea vers son château fort.

La nouvelle de cet événement, parvenue à Devin, frappa d'une véritable panique Mahomet, général arabe, et le mit dans un fort grand embarras; néanmoins, brûlant du désir de punir par de terribles représailles la mort de ses gens, il réunit en corps d'armée la garnison de Devin et en donna le commandement au général Aboundjip avec ordre de le venger. Celui-ci, à la tête de ce détachement d'élite dont l'effectif montait à 4,000 cavaliers, prit la grande route et se rendit au village de Bagavan, dans le canton de Bagrévand. Mouchegh, à la tête de sa compagnie composée à peu près de 200 hommes, lui présenta la bataille, et, favorisé par une protection particulière du Seigneur, battit les Arabes et leur tua beaucoup de monde. Le reste prit la fuite et fut poursuivi constamment par Mouchegh jusqu'au bourg d'Aroudj. Durant la poursuite, les Arabes perdirent bon nombre de leurs gens, parmi lesquels figurait leur général, tombé sous le fer des Arméniens. Ayant gagné cette victoire éclatante, les Arméniens cessèrent de poursuivre l'ennemi et rentrèrent chez eux chargés d'un riche butin. Quant aux débris de l'armée arabe, ils parvinrent à gagner Devïn, précédés d'une foule d'hommes et de femmes de leur nation, qui, jetant de la terre sur leur tête, se frappant le front, se déchirant la poitrine, faisaient retentir de leurs cris lamentables les rues de cette vaste ville. Après cet événement, la garnison arabe terrifiée n'osait plus sortir hors de la ville, et restait cachée derrière les fortifications.

La nouvelle de cet avantage (remporté par Mouchegh) engagea tous les nakharars arméniens à prendre part à cette insurrection insensée. Il étaient convaincus que le moment de la chute de la domination arabe était arrivé, et ils étaient fortifiés de plus en plus dans cette erreur par un certain moine qui, dominé lui-même par un esprit d'illusion, prédisait des choses vaines et fausses, et leur disait : « Voici l'heure de votre émancipation qui vient de sonner, voici qu'il approche de plus en plus le moment où le sceptre de votre indépendance va retourner de nouveau dans la famille de Thogarma[1]. Pour vous, bien qu'inférieurs en nombre, ne les craignez pas : un seul d'entre vous en repoussera des milliers, deux d'entre vous en repousseront dix milliers, parce que c'est le Seigneur lui-même qui

---

[1] La nation arménienne s'attribue depuis un temps immémorial entre autres noms celui de Thogarma, d'où dérive sans doute Thorgomian, selon l'orthographe arménienne. Thogarma ou Thorgom est considéré par les historiens arméniens comme le père de Haïk, patriarche et fondateur de la nationalité arménienne.

va faire la guerre pour vous; prenez donc courage!
loin de vous la peur! » C'est ainsi qu'il continuait à
les entretenir journellement du récit de visions fausses,
mais décevantes; tout le monde se laissait aller à croire
tout ce qu'il disait et le regardait comme un prophète;
tout le monde se laissait entraîner par sa manière d'a-
gir, et cet homme exalté excitait incessamment Sembath, fils d'Achott, le commandant en chef du pays, à
se prononcer pour l'insurrection. Celui-ci, quoique
ferme et inflexible dans son caractère, céda cependant
malgré lui à leurs instances et finit par se laisser entraîner par les illusions de ce moine imposteur et fré-
nétique.

Alors tous les nakharars arméniens, rassemblés
dans un conseil, s'engagèrent réciproquement par serment à vivre et à mourir ensemble. L'effectif de tous
ceux qui prirent part à cette conférence, y compris
un nombre considérable de gens de basse classe,
montait à 5,000 hommes. De là les confédérés allèrent
bloquer Théodosopole, ville du Carine[1]. Ils élevèrent
des bastions et des batteries autour de cette ville, parvinrent à pratiquer des brèches considérables dans les
murailles extérieures, tandis qu'ils jetaient dans l'intérieur, à l'aide de machines, d'énormes blocs de
pierre qui tuaient beaucoup de monde. Cela dura tout
un hiver, mais la ville tenait bon.

Achott de Bagratouni, fils du prince Isaac, homme

---

[1] Cette ville, suivant Moïse de Khorène (*Histoire d'Arménie*, l. III.
ch. LIX), fut fondée par l'empereur grec Théodose le Jeune, au commencement du cinquième siècle de notre ère, dans le Carine, canton de la
haute Arménie, près des sources d'Euphrate. Les Arméniens aimaient, à
ce qu'il paraît, à l'appeler constamment Carin ou ville du Carine, du nom du
canton où elle fut fondée; les Arabes, après l'avoir conquise sur les Grecs,
l'appelèrent Arzi-Roum, pays des Romains, dont les Européens ont fait Erzeroum.

distingué par sa sagesse et sa prudence, non-seulement ne voulut pas se mêler à cette ligue funeste, mais ne cessa pas de conseiller aux révoltés d'abandonner une entreprise pleine de dangers, qu'ils n'avaient commencée qu'à l'instigation perverse d'un moine forcené, et de penser à leur propre sécurité aussi bien qu'à celle de leurs familles. Il leur disait : « Vous êtes jeunes, n'ayant pas encore atteint l'âge viril, je sais que vous ne pouvez nullement opposer une résistance efficace à la force de ce dragon (les Arabes) à plusieurs têtes, parce qu'il est beaucoup plus fort, ayant une multitude de guerriers à sa disposition, et possédant dans ses dépôts des munitions immenses. Toutes les puissances qui ont essayé de résister à sa domination ont été écrasées comme des pots de terre ; l'empire des Grecs, saisi d'effroi devant leur face, n'a pas osé se mesurer avec eux, ni marcher contre l'ordre du Seigneur. Cependant vous n'ignorez pas l'énergie de Constantin, fils de Léon, empereur grec, ni son courage personnel, ni le grand nombre de ses troupes et de ses munitions ; cependant avec tout cela il ne lui est jamais venu à l'esprit de délivrer l'Arménie de leur domination : je parle de ce Constantin, fils de Léon, qui dans une lutte qu'il engagea autrefois contre ces bêtes féroces a su terrasser et tuer le lion comme un chevreau. Or si lui, qui est si puissant, paraît cependant terrifié en présence de ce dragon qui ravage le monde, vous autres, en qui mettez-vous votre espérance, à l'aide de quelle force ou par quel moyen pensez-vous créer une barrière contre sa force invincible ? Acceptez donc mon conseil s'il vous convient, puisque moi je ne cherche que ce qui vous est utile, que ce qui vous intéresse et peut contribuer à la prospérité de notre pays. Dans le cas contraire voici ce qui résultera de votre entreprise : ou vous vous enfuirez de votre propre pays dans le Bas-Empire, en emmenant toutes vos familles pour y passer votre vie comme des étrangers, en abandonnant les biens, les forêts, les champs que vous avez reçus de vos ancêtres ainsi que leurs tombeaux; ou vous finirez par tomber tôt ou tard sous la main de vos oppresseurs qui vous ôteront la vie d'une manière douloureuse, car je connais l'habitude impie du souverain des Arabes, qui ne posera pas les armes avant d'avoir exécuté sa volonté. »

Ce conseil si sage ne fit aucune impression sur les révoltés ; il fut rejeté par eux comme une sorte de trahison, parce qu'ils étaient trop influencés par l'imposteur visionnaire (le moine) qui les exhortait constamment à persévérer fermement dans leur entreprise et à ne pas revenir sur leur dessein. Mais on vit bientôt la conséquence de cette folle opiniâtreté. La désunion éclata parmi eux. Hamasasp, seigneur des domaines d'Ardzrouni, avec ses frères et ses troupes, resta immobile aux environs du département de Vaspourakan, ainsi que Vassak, fils d'Achott, et les nakharars des deux familles d'Amatouni et de Terouni, qui se retirèrent, les uns dans la citadelle de Dariuns, les autres sur la cime du mont à pic de Makou [1], tandis que les autres, fortifiés dans les défilés d'Aragueght, en sortaient de temps à autre pour fourrager aux environs et rentrer de suite dans leurs tranchées.

---

[1] Petite ville adossée à une montagne à pic, servant d'acropole et de citadelle. Elle est peuplée d'Arméniens et de Persans, et se trouve actuellement dans la Perse arménienne, sur la route conduisant de Bayazed à Tauriz.

Quant à la garnison de la ville de Devin, composée des Tadjiks, elle ne resta pas inactive ; elle faisait de fréquentes sorties et répandait la dévastation et le pillage dans le pays d'alentour ; c'est ainsi que les bourgades de Petghouns, de Thaline, de Koghb[1], avec beaucoup d'autres, furent ravagées et virent bon nombre de leurs habitants massacrés. Avec le retour du printemps, le souverain des Arabes s'occupa d'organiser une armée pour réduire l'Arménie. Cette armée, composée des plus beaux régiments de Khorassan, parfaitement équipée et pourvue de chevaux d'une excellente race, comptait à peu près 30,000 combattants. Le général Amrou[2], appelé à son commandement, partit de Bagdad[3], capitale fameuse et vaste, bâtie et fortifiée d'imprenables murailles, par Abdoulla lui-même.

Amrou partit de la Syrie et se rendit en Arménie, traînant à sa suite d'immenses armures et des machines de guerre. En entrant en Arménie, il occupa la ville de Khelath[4] et se mit à recueillir des informations sur l'état de l'armée arménienne, sur le nombre de ses guerriers, sur leurs généraux, sur leur union et leur confiance réciproque, sur leur courage, sur leurs ressources. Après avoir pris ces renseignements, il nomma les commandants de son armée.

Achott, fils d'Isaac, qui se trouvait dans ce mo-

---

[1] Tous ces lieux existent encore. Quelques-uns sont sur la pente sud-ouest du mont Alaguiaz (Aragatz), le reste non loin de là, dans la vallée dite Araxienne.

[2] Dans notre texte, ce nom est écrit Amr ou Amer.

[3] On sait que ce n'est pas Abdoulla II qui fonda Bagdad, mais Abdoulla Ier, son prédécesseur.

[4] Khelath, petite ville dans l'Arménie méridionale ou *Kurdistan* actuel ; elle se trouve à l'ouest du lac de Van et près de ce lac. Le nombre de ses habitants monte à 7,000, moitié Arméniens, moitié Turko-Kurdes.

ment-là dans la ville de Khelath, crut de son devoir de prévenir les nakharars arméniens de l'arrivée de l'ennemi, afin qu'ils pussent se concentrer avec leurs forces sur un point quelconque, pour se défendre et mourir pour le salut de leurs frères. Cette communication fut considérée par les insurgés comme une ruse à l'aide de laquelle il voulait délivrer la ville (d'Erzeroum) de l'état de siége, pour passer par là, aux yeux des Arabes, comme un homme dévoué à leurs intérêts. Dans cette conviction, ils rejetèrent cette proposition et ne songèrent qu'à poursuivre leur entreprise. En même temps, Hamasasp, nakharar d'Ardzrouni, secondé par ses frères et par les nakharars d'Amatouni, réunit la milice du Vaspourakan avec celle d'Amatouni ; il appela aussi à son aide Vassak, fils d'Achott et frère du commandant Sembath de Bagratouni, avec ses troupes, et marcha contre Ardjeche[1], gros village, avec l'intention de le détruire et d'exterminer sa garnison. Arrivé au village de Bergri[2], dans le canton d'Arbérani, rendez-vous général des confédérés, il s'y arrêta pour les y attendre. Là, ils parvinrent, par de fausses promesses, à séduire une masse considérable de paysans et à les entraîner à leur suite pour faire la guerre. Pendant qu'ils étaient en train de délibérer sur la manière de réaliser leur plan, ils furent avertis de l'approche de l'armée des Arabes par un individu qui leur dit qu'un corps d'armée arabe fort nombreux, arrivé près de là, les attendait. Hamasasp, seigneur d'Adzrouni, prit cet

---

[1] Petite ville dans l'Arménie méridionale sur les bords du lac de Van, peuplée de 10,090 habitans, moitié Arméniens, moitié Turko-Kurdes.

[2] Petite ville non loin de la première, mais moins peuplée qu'elle ; elle ne compte que 4,000 habitants, composés d'Arméniens, de Yesdis et de Turko-Kurdes.

homme pour un imposteur, l'envoya au supplice, et, plein de fierté, marcha à la tête de ses troupes sur Ardjeche, dont les habitants, instruits d'avance de son arrivée, s'empressèrent d'en donner avis à Amrou, généralissime arabe, resté dans la ville de Khelath. Alors Amrou en sortit avec toute son armée et s'embusqua aux environs d'Ardjeche. Au moment où le détachement arménien attaquait cette forteresse, les Arabes embusqués, sortant de leur repaire, se précipitèrent sur lui et le forcèrent à prendre la fuite. Dans cette mêlée, un grand nombre de fantassins arméniens, n'étant que des paysans complétement ignorants de l'art militaire et dépourvus d'armes véritables, périrent ; les autres furent impitoyablement massacrés plus tard, et quelques-uns, pour échapper à cette mort affreuse, préférèrent se précipiter dans la mer [1] et dans la rivière.

La noblesse arménienne perdit dans cette affaire quatre de ses membres, dont trois de la famille de Terouni [2], le quatrième était (chef) du village Ourdza. Quant au chiffre des paysans tués, il s'éleva à environ 1,500 personnes ; le reste ne dut son salut qu'à sa prompte fuite. Ce combat eut lieu le 4 du mois de hrotitz [3], le jour de samedi ; et l'ennemi, après avoir poursuivi le détachement arménien jusqu'au village de Taï, revint dans son camp, ivre de joie. Pendant que les infidèles se livraient aux réjouissances et aux fêtes, l'Arménie se plongeait dans la douleur la plus

---

[1] C'est-à-dire lac de Van ou d'Aghthamar, un des plus grands que possède l'Arménie. Les anciens écrivains du pays l'appellent « Mer de Beznouni. » C'est au bord de ce lac que se trouve Ardjéche, petite ville qui a conservé son ancien nom.

[2] Notre texte porte « Térouni ; » mais nous ne connaissons aucune famille noble de ce nom dans l'ancienne histoire de l'Arménie.

[3] Nom d'un des mois arméniens, correspondant à décembre.

profonde. Les Arabes, après un peu de repos, reprirent de nouveau l'offensive, et, suivant la grande route à travers le canton d'Apahounik, ils gagnèrent le village d'Ardzeni, du canton de Bagrévand, où ils campèrent sur le bord de la rivière qui passe par là, ayant à leur suite quantité d'artisans qui fabriquaient et raccommodaient des armes et des instruments de guerre.

Quant à l'autre division (arménienne), qui tenait en état de siége Erzeroum, bien qu'elle l'eût réduite à une situation affreuse, la famine y dominant dans toute sa force, et les assiégés étant sur le point de capituler malgré eux, cependant la nouvelle de la défaite du détachement arménien (près d'Ardjeche), étant parvenue à Erzeroum, produisit une grande consternation chez les assiégeants, qui décidèrent de lever le siége. Ils pouvaient se retirer sur le sol du Bas-Empire et se soustraire à la poursuite de leurs cruels oppresseurs, mais ils préférèrent mourir plutôt que de voir la ruine du pays et le déshonneur des sanctuaires du Christ.

Leur nombre ne dépassait pas 5,000 hommes en état de porter les armes, et était, par conséquent, très inférieur à celui de l'ennemi ; mais, animés tous de cette pensée, ils résolurent de conjurer volontiers le danger. Ils abandonnèrent donc Erzeroum, et, passant par le Bacin [1], ils se rendirent dans le canton de Bagrévand ; de là ils s'avancèrent à la hâte jusqu'au fleuve d'Aradzani [2], et se présentèrent à l'ennemi,

---

[1] Un des cantons du département d'Ararat, dont le chef-lieu est actuellement Hassan-Kalé, petite ville entre Erzeroum et Kars.

[2] Un des principaux bras de l'Euphrate, que l'on appelle aujourd'hui Mourad-Tshaï.

pleins d'ardeur pour combattre. Avant d'en venir aux mains, les Arméniens laissèrent leurs effets et leurs chevaux à une distance de deux stades de leur position, se préparèrent à combattre tous à pied, la rage au cœur. L'armée ennemie en fit autant; cette évolution fit remarquer d'autant plus le grand nombre de ses soldats. Les deux armées se trouvèrent donc en face l'une de l'autre. A peine l'aurore eut-elle paru qu'on donna le signal de part et d'autre, et l'engagement commença. Les troupes arméniennes montrèrent, dès le commencement de l'engagement de l'action, une bravoure énergique, et, après avoir fait de grands ravages dans les rangs des ennemis, ils les culbutèrent et les mirent en pleine déroute; mais les Arabes reprirent courage, et, renforcés et ramenés une seconde fois sur le champ de bataille, ils les attaquèrent à leur tour avec une opiniâtreté furieuse; la masse de paysans arméniens, ne pouvant opposer une résistance efficace à la charge de l'ennemi et saisie d'épouvante, prit la fuite, et fut suivie bientôt de quelques-uns des nakharars et de leurs cavaliers. Ils avaient perdu un nombre considérable des leurs, qui gisaient dans leur sang sur le champ de bataille. Cette défaite diminua beaucoup le nombre des courageux martyrs [1] arméniens, que les Arabes entouraient comme de cruels chasseurs; mais elle ne les découragea pas : ils résolurent de braver la rigueur du sort jusqu'à la fin, et, serrant de plus en plus leurs rangs, ils se décidèrent à se battre jusqu'à une complète extermination, en s'adressant réciproquement l'allocution suivante : « Mourons courageusement sur les

---

[1] Le mot arménien *nahatak*, correspondant exactement au mot grec *martyr*, signifie en outre volontaire, guerrier d'élite.

ruines de notre nation et de notre patrie, afin que nos yeux ne voient pas à jamais nos sanctuaires, demeure glorieuse de notre Dieu, foulés par les pieds impurs de l'ennemi; que le fer de l'ennemi soit d'abord dirigé contre nous, et qu'ensuite advienne que pourra ; que notre propre vie soit sacrifiée à la vérité de notre foi et non aux occupations mondaines, puisque la mort présente n'est que de courte durée, tandis que la vie (future) est éternelle. » Ayant fini cette exhortation mutuelle, ils levèrent leurs regards vers le ciel et supplièrent le Très-Haut de les soutenir, en disant : « Dieu, regarde-nous, aide-nous, sois avec nous! Qu'ils soient couverts d'une grande honte ceux qui cherchent à nous perdre! Voici, nous implorons ton nom, Seigneur, dans nos afflictions; nous glorifierons, Seigneur, ton nom dans les souffrances dont nous sommes entourés. Voilà une foule innombrable de méchants qui nous cerne ; voilà la mort qui nous menace de près. » Telles furent les humbles et touchantes prières qu'ils firent, avec beaucoup d'autres encore. La prière finie, ils se sentirent remplis d'un nouveau courage qui venait d'en haut, et quoique leur nombre ne montât pas à plus d'un millier, ils se jetèrent au milieu de l'armée ennemie, composée de 30,000 hommes. Les ennemis eux-mêmes m'ont assuré que l'armée arménienne avait dans ses rangs une multitude d'anges qui les assistaient et qui combattaient sous une forme humaine ; ils m'ont dit encore qu'ils ont vu les anciens et les presbyters portant l'Evangile, des cierges et de l'encens, et marchant à leur tête en les encourageant. Les Arméniens se vengèrent complétement de leurs ennemis par le carnage effrayant qu'ils firent dans leurs rangs : mais à la fin.

accablés de fatigue et du poids de leurs armes, ou les ayant brisées dans le combat, ils tombèrent entre les mains de l'ennemi et furent sur-le-champ massacrés. Ils quittèrent cette vie pleine de péchés, comme de courageux et bienheureux martyrs, et passèrent dans l'autre monde avec l'espoir de posséder la vie future. Voici les noms des généraux qui reçurent la mort dans ce combat : Sembath de Bagratouni, commandant de la milice arménienne; Isaac, son allié et son conseiller; Mouchegh de Mamikon, général; Samuël, seigneur du domaine de la famille de Mamikon, fort réputé par sa beauté, et dans la fleur de son âge, beau-père[1] du commandant, Vahan Dachnak[2] de Gnouni, et beaucoup d'autres encore d'entre les nakharars ou de la basse classe. Il nous est impossible de rapporter ici tous les noms, dont le chiffre total monterait à peu près à 3,000. On ne put trouver même de terre suffisante pour enterrer ces infortunées victimes de la guerre. Ils restèrent étendus sur la plaine, en plein soleil, couverts de poussière et exposés à la pluie et au vent. C'est alors que la détresse et la douleur de l'Arménie furent à leur comble, car elle avait perdu en un clin d'œil ses chefs distingués et ses généraux les plus chers. Plongée dans une pénible angoisse, l'Arménie pleurait la fin tragique de ses vaillants défenseurs[3], parce que, privée dès lors de leur protection, elle se voyait livrée à la merci d'un ennemi féroce et acharné. Néanmoins elle se souvint, dans ces jours d'épreuve, de la pro-

[1] Plutôt beau-frère.
[2] Qui veut dire poignard.
[3] Ce mot désigne aussi les soldats qui commencent les premiers le combat.

tection de la Providence, qui, dès la création de l'u-
nivers, a traité le genre humain, et surtout ses adorateurs, avec tant d'amour et de clémence, et elle
invoqua son assistance. Cette terrible rencontre, qui
eut lieu le lundi, 14 du même mois de hrotitz, suivit
de près la défaite que les Arméniens avaient subie, la
première fois, près du bourg d'Ardjèche. L'affliction
des vivants s'aggravait encore de plus en plus : on ne
pouvait trouver même un endroit sûr, soit pour pleurer librement sur les morts, soit pour les enterrer,
soit pour célébrer en famille le repas de deuil [1].

Quant à l'ennemi il envahit, après la bataille, le
canton de Bagrévand et les cantons voisins, exerçant
partout la dévastation et répandant la frayeur chez les
babitants. Pleins de haine contre tous les lieux de culte
et les sanctuaires dédiés à Jésus-Christ, les Arabes s'ef-
forçaient de les détruire ; ils brisaient et brûlaient la
glorieuse croix du Christ dressée devant les portes [2]
pour servir de protection et d'asile à tous ceux qui y
venaient adorer la Trinité consubstantielle ; ils se mon-
traient partout animés d'une haine profonde contre
les prêtres, les religieux et leurs confrères, les regardant comme la cause de la mort de tous ceux qui
étaient tombés dans la bataille ; ils enlevaient de vive
force, dans différentes églises, les objets sacrés et les
reliques des saints de Dieu. C'est ainsi que cette armée
impie, après s'être chargée des dépouilles de l'Armé-

[1] C'est une sorte d'agapes qui existe dans presque toutes les Églises
d'Orient, avec plus ou moins de variation, et surtout dans l'Église arménienne. Selon l'usage, l'héritier du défunt fait apprêter un repas auquel
prennent part les ecclésiastiques, les pauvres et tous ceux qui ont accompagné le cortége funèbre ; à la fin du banquet on fait des prières, on boit
du vin en invoquant la grâce divine pour le repos de l'âme du mort.

[2] On peut traduire aussi : « en dedans et au dehors des demeures. »

nie plate), recommença ses attaques contre des places fortes, qu'elle soumit en offrant aux assiégés la paix et en leur remettant une charte scellée avec serment, par laquelle ils s'engageaient à respecter leur vie; ils parvinrent ainsi à faire sortir des forteresses tous ceux qui s'y étaient retirés.

Il (l'émir arabe) quitta enfin l'Arménie, se donnant tout l'air d'avoir remporté une éclatante victoire; il alla en Perse et se rendit vers le souverain des Arabes, dans l'espérance d'être récompensé pour le service sincère qu'il lui avait rendu, mais le châtiment du Dieu de justice se manifesta contre lui, et il mourut en Perse dans des souffrances horribles par suite d'une maladie violente, châtiment qu'il ne méritait du reste que trop. En expiation du sang innocent qu'il avait versé lui-même son sang fut versé, non point par les armes des hommes, mais par un instrument invisible, aiguisé par ordre du Très-Haut, plus terrible que toute arme humaine et qui pénètre jusque dans la poitrine, les articulations et la cervelle. Ce fut par cet instrument que Dieu vengea le sang de ses enfants, qu'il châtia ses adversaires, qu'il délivra le pays de son peuple en lui prouvant une sécurité nouvelle.

A cette époque Hassan fut, sur l'ordre du souverain des Arabes, remplacé par Yézid, qui fut ainsi une seconde fois rétabli dans le gouvernement de l'Arménie.

Abdoulla, après avoir satisfait aveuglément ses mauvais penchants, après avoir asservi son âme à la concupiscence, et après avoir passé toute sa vie en exerçant l'avarice la plus abominable (vice particulier de sa famille), encourut enfin la malédiction du Prophète, et mourut peu après dans la même année en proie au désespoir. Quant à l'endroit qui lui est destiné dans le monde à venir, Dieu qui est le souverain juge, l'a révélé à un prêtre distingué parmi ses dignes serviteurs. Ce personnage, quelques jours avant la mort d'Abdoulla, vit dans un songe un lieu de supplice au milieu duquel était un abîme extrêmement profond et fermé par des portes de fer; deux gardiens l'ayant amené près de l'abîme, ouvrirent la porte, d'où il aperçut des flammes qui sortaient en s'élevant jusqu'au ciel. Ces gardiens y jetèrent l'agent de Satan et refermèrent la porte afin qu'il reçût le châtiment qu'il méritait, enchaîné dans cette prison infranchissable. C'est ainsi que la révélation lui a dévoilé le caractère de la punition que le juste Juge avait réservée à Abdoulla, punition qu'il n'avait que trop méritée par sa méchante conduite. Mahomet-Mahadi[1], son fils, lui succéda sur le trône impérial. Il se montra plus généreux et de meilleures mœurs que son prédécesseur; il fit ouvrir le trésor public, fermé par Abdoulla l'impie, et en distribua une partie à ses troupes à titre de gratification; il autorisa aussi les commerçants à franchir les frontières de ses états avec leurs marchandises, pour satisfaire le besoin que chacun en sentait. Par ces mesures l'abondance reparut sur la terre, l'argent circula de nouveau, et les habitants eurent la facilité de payer les contributions exorbitantes que chacun devait. Bien que Mahomet-Mahadi augmentât encore les impôts, néanmoins le pays, à cause de l'abondance de l'argent, souffrit moins, surtout parce que sous son règne on découvrit, dans les montagnes de l'Arménie, les mines d'argent vierge d'où l'Hôtel des monnaies tira des sommes considérables.

---

[1] Il régna dix ans, de 775 à 785 après J. C.

Mahomet-Mahadi, dans le but de faire une invasion sur le territoire de l'empire grec, concentra son armée sous le commandement d'Abasse, son frère, qui reçut l'ordre d'envahir ce pays. La cause principale qui l'y poussait était la mort de l'empereur Constantin (Copronyme), qui venait de mourir la même année qu'Abdoulla, et l'avénement de Léon[1], son fils, au trône paternel. Avant que le prince arabe eût réussi à exécuter son plan d'agression sur le territoire grec, l'empereur le devança en dirigeant lui-même, contre le Bassanistan, appelé aussi le Bichan[2], une grande armée commandée par trois généraux, dont le premier était Tadjato d'Andzévatzik[3], le second Artavazd de Mamikon, tous deux nakharars arméniens, et dont le troisième appartenait à l'armée grecque. Cette armée imposante, arrivée en Cilicie et dans le Bichan, se jeta sur les provinces avoisinantes dans toutes les directions; elle s'empara d'un grand nombre de villes et de villages; elle battit tous ceux qui se présentaient pour lui résister, les brisa, les mit en poudre et s'emparant d'une foule énorme de paysans, dont le nombre montait, dit-on, à plus de 150,000 individus, elle les emmena en captivité dans les possessions grecques. C'est ainsi que l'armée grecque, chargée d'un immense butin, revint vers l'empereur Léon, qui donna beaucoup d'éloges à ses généraux et les combla de grands honneurs. L'armée passa le reste de l'année en repos.

L'année suivante, le souverain des Arabes envoya

---

[1] C'est Léon, surnommé Chazare, qui régna de 775 à 780.

[2] Si mes informations sont exactes, le Bassanistan ou le Bichan n'est autre chose que la Syrie, ou, d'après la dénomination arabe, Bar-el-Cham, qui veut dire le rivage de la gauche en opposition avec l'Yémen, ou pays de la droite.

[3] Une des familles princières de l'Arménie.

à Constantinople une ambassade fameuse, et tenta d'effrayer la cour par son langage plein d'ostentation. A la lettre qu'il envoya à l'empereur, il joignit, dit-on, deux boisseaux de graine de moutarde, et dit à l'empereur qu'il enverrait contre son pays une armée aussi nombreuse que ces graines qu'il venait de voir, si toutefois le territoire de l'empire grec suffisait à la contenir. Le souverain des Arabes finissait sa missive en invitant l'empereur au combat, s'il s'en sentait la force. Après avoir lu cette lettre, l'empereur, loin de se troubler, lui répondit avec une mâle résolution : « Les hommes sont incapables de gagner la victoire par leur propre force, c'est au contraire Dieu qui la donne à qui il veut; aussi Dieu peut livrer ton armée à la mienne pour être broyée comme ces graines de moutarde que tu m'as envoyés. Au reste, fais tout ce que tu as promis de faire, et il arrivera ce qu'il plaît à la volonté de Dieu. »

Aussitôt l'ordre fut donné par l'empereur aux autorités de faire entrer les habitants des campagnes dans les villes et places fortifiées.

Un corps de troupes arabes très nombreux, et commandé par le même général dont j'ai fait mention, se mit en route par ordre du calife, pour envahir l'empire grec. Parvenue en Galatie, cette armée mit le siége devant Amourium[1], ville d'une grande étendue, et la tint bloquée durant trois mois sans la pouvoir réduire, parce que ses murailles formidables et les eaux du fleuve Sagariss[2], qui a sa source aux en-

---

[1] Le texte arménien donne ce nom sous une autre forme, l'appelant tantôt Amouaria, tantôt Amourie. Cette ville, indiquée dans les anciennes cartes du pays, n'existe plus de nos jours.

[2] C'est le Sangarius des anciens et le Sakaria des modernes.

virons et qui forme des marécages autour de la ville, empêchaient l'approche de l'ennemi. Les assiégeants ne pouvant donc causer aucun dommage à cette ville, se bornèrent à la bloquer. Pendant ce temps, Yézid, gouverneur-général d'Arménie, s'avançait à la tête de son armée pour porter secours au généralissime Abasse. Il entreprit ainsi une diversion dans le Pont, attaqua successivement Colonie, ville fortifiée; Govatha, Castillon et la province de Marithinesse, mais inutilement; et il se vit obligé de regagner honteusement l'Arménie. L'armée arabe leva aussi, bientôt après, le blocus d'Amourium et se retira dans son pays.

Je reprends ici les événements dont j'avais abordé le récit. La septième année du règne de Mahomet-Mahadi, la mort enleva Léon, fils de Constantin, et sa couronne passa à Constantin [1], son fils, encore en bas âge. Mahomet-Mahadi, instruit de la mort de l'empereur grec, mit sur le pied de guerre une nombreuse armée, et l'envoya envahir le territoire de cet empire sous le commandement de Haroun [2], son fils. A peine cette armée fut-elle entrée dans les Etats grecs qu'elle se trouva en face de l'ennemi, qui, occupant tous les chemins, lui coupa toute espèce de communication avec le reste du pays. Les deux armées s'observèrent ainsi réciproquement pendant un certain temps; le camp arabe était privé par le blocus de tout moyen de s'approvisionner et fut bientôt en proie à une grande famine.

---

[1] Constantin monta sur le trône en 780 avec Irène, sa mère, et gouverna l'empire de l'Orient sous sa tutelle jusqu'en 790. Depuis cette époque jusqu'à 797, il gouverna l'empire seul.

[2] Il paraît que ce n'est pas le fameux Haroun-al-Rashid.

Nous avons déjà parlé d'un certain Tadjate, fils de Grégoire d'Andzévatzik, et qui jadis émigré d'Arabie dans l'empire grec, avait été accueilli avec une grande distinction par Constantin, déjà prévenu en sa faveur par la renommée de sa bravoure. Ce même Tadjate s'était encore illustré dans la Sarmatie[1], que l'on appelle Bulgarie (où il était sans doute envoyé par l'empereur); il y avait fait preuve d'un grand courage, et gagné plusieurs batailles. A son retour, l'empereur, en récompense de son sang-froid et de son courage, lui confia le commandement d'un corps d'armée de 60,000 hommes, et Tadjate passa ainsi au service de l'empire grec pendant vingt-deux ans. Mais lorsque Constantin et Léon, son fils, furent morts, et que le trône impérial fut occupé par Constantin, sa mère Irène se déclara ouvertement contre Tadjate. Cette circonstance l'obligea à chercher les moyens de rentrer au service du souverain arabe. L'état de l'armée arabe bloquée par l'armée grecque lui en fournit une occasion fort opportune. Il s'adressa à cette armée. Il lui demanda un sauf-conduit scellé par le serment, qui l'autorisât à revenir dans sa patrie; il s'engageait en retour à dégager les Arabes du blocus et à les conduire dans leur propre pays. Cette proposition présentée au calife, obtint sa pleine et prompte approbation, et en outre il s'engagea par

---

[1] Je n'ai pu trouver dans aucun livre de ma connaissance, ni sur aucune carte, si la Bulgarie actuelle fut appelée autrefois Sarmatie, ou si, au moins, elle forma une partie quelconque de ce pays. La Sarmatie, on le sait, commençait aux environs du Palus-Méotis ou mer d'Azof, et s'étendait dans les provinces méridionales de la Russie d'aujourd'hui, tandis que la Bulgarie avec les provinces contiguës, situées sur le bord de la mer Noire, du côté de l'ouest, comprenait, par exemple, les principautés danubiennes de nos jours, qu'on appelait, dans des époques bien reculées, Scythie. (*Atlas de géographie universelle*, par Malt-Brun, planches 2, 3, 6 et 7. Paris.

serment à donner à Tadjate tout ce qu'il aurait à
demander. C'est ainsi que Tadjate, rassuré par le
sauf-conduit qu'il venait de recevoir du calife, quitta
avec toute sa famille le territoire grec, et dégagea
l'armée arabe de l'état de blocus.

Haroun, fils du souverain des Arabes, non-seulement le combla d'honneurs particuliers et de présents,
mais lui offrit, en outre, une entrevue avec son père.
Dans l'audience que Mahomet-Mahadi accorda à Tadjate, le calife lui témoigna sa profonde reconnaissance,
le combla de riches présents de son trésor royal, et,
après l'avoir investi de la dignité de commandant de
l'Arménie, il l'y envoya entouré de beaucoup de
pompe et de magnificence.

Le prince Tadjate, arrivé en Arménie avec les ordres du calife, y rencontra une forte opposition dans
la personne d'Othman, gouverneur général de ce pays.
Loin d'exécuter le commandement de son souverain,
en permettant à Tadjate d'exercer son pouvoir, Othman lui créait une foule d'entraves : il expédiait au
calife des courriers, il lui exposait le mécontentement
des nakharars arméniens, qui se refusaient à recevoir
pour chef un homme qui avait déserté autrefois la
cause arabe pour épouser les intérêts des Grecs ; enfin
il lui disait que ces mêmes nakharars, qui avaient
continué à rester fidèles à leur souverain, ne voulaient
pas être commandés par un rebelle qui pouvait les
trahir.

Toutes les fois que Tadjate tentait de faire parvenir
à la connaissance du souverain des Arabes la nouvelle
des obstacles qu'il rencontrait, cela lui était impossible. Tous les passages et chemins étaient gardés (par
ordre d'Othman ; on arrêtait et on conduisait en prison

ses courriers ; en sorte que ni Mahomet-Mahadi ni Haroun, son fils, n'apprirent rien de lui jusqu'à la fin de l'année courante. Mais ses plaintes parvinrent enfin l'année suivante à Mahomet-Mahadi et à Haroun, son fils, qui, dans leur indignation, adressèrent de vifs reproches à Othman. Celui-ci se vit alors forcé de permettre à Tadjate l'exercice du pouvoir qu'il tenait de la couronne.

Dans la suite, Othman, ayant réuni les troupes des nakharars arméniens, marcha avec elles sur Derbind, ville fortifiée de murailles et de bastions, pour arrêter les excursions des Huns et des Khazirs, et sur les Portes Caspiennes [1], en Albanie. Il invita aussi Tadjate, le commandant ; Bagaratt, le généralissime ; Nersèhe de Kamsarakan, et quelques autres encore des nakharars arméniens, à venir le joindre au milieu de l'été, à l'époque où le soleil est le plus ardent. Il campa dans la plaine rocailleuse de Kéran, qui offrait l'aspect d'un fourneau, et il passa cette saison tout entière exposé à une chaleur excessive et suffocante. Les nakharars arméniens, ne pouvant supporter l'influence d'un climat si funeste, succombèrent, entre autres le prince Tadjate, le généralissime Bagaratt, et d'autres encore. Mahomet-Mahadi, souverain des Arabes, fort irrité à la nouvelle de la mort regrettable du prince Tadjate et des autres nakharars, ses compagnons, déposa Othman et envoya à sa place un certain Roh, émir, pour gouverner l'Arménie. Mahomet mourut peu après le départ de Roh ; il avait régné huit ans.

---

[1] On sait que l'ancien monde connaissait deux *Portes Caspiennes*, l'une dans la Médie, l'autre dans l'Albanie. Cette dernière s'appelait habituellement Porte Albanienne, et rarement Caspienne ; tandis que la première porte invariablement le nom de *Caspienne*.

Moussa ou Moussé [1], son fils, monta sur le trône paternel; il ne régna qu'une seule année. Il se distingua par sa cruauté; sa barbarie atteignait à la démence. Lorsqu'il s'exerçait aux armes et se perfectionnait dans le tir de l'arc, il faisait placer devant lui des hommes pour servir de but à ses flèches, et il les tuait sur-le-champ. Peu après être monté sur le trône, il remplaça Roh, dans le commandement de l'Arménie, par un certain Khazme [2]. Celui-ci non-seulement avait une physionomie infernale; mais, comme le présageait l'étymologie de son nom, il provoqua la révolte et la guerre. Arrivé près de la ville de Devïn, il fut reçu par tous les nakharars arméniens, qui s'étaient portés à sa rencontre. Au nombre de ces nakharars figuraient aussi Hamazasp, Isaac et Mehroujan, nakharars d'Ardzerouni. L'ennemi pervers (Khazme), frappé de la belle et gracieuse apparence des nakharars, ainsi que de la superbe tenue de leurs troupes, fit arrêter sur-le-champ ces trois vaillants généraux, les jeta en prison, où ils passèrent trois ans chargés de chaînes. Par les accusations qu'il porta contre eux devant Moussé, souverain des Arabes, il obtint de lui l'ordre de leur ôter la vie. Il fit porter cet ordre écrit dans la prison où souffraient depuis si longtemps ces bienheureux martyrs. Quand on eut fini la lecture de l'arrêt qui les condamnait à mort, ils demandèrent à un des agents, nommé Koubéda, leur ami intime, s'il y avait quelque moyen d'être délivré de cette mort à laquelle ils avaient été si injustement condamnés. Koubéda leur répondit : « Il vous est impossible d'être sau-

___

[1] Dans l'*Histoire des Arabes sous le gouvernement des Califes*, par l'abbé de Marigny, t. 1er, ce souverain est connu sous le nom de Hadi.
[2] Le mot *khozme* signifie en arménien combat, débat, guerre, bataille.

— 157 —

rés de ses mains et de vous soustraire à la mort qui vous menace de si près, à moins que vous ne consentiez à vous faire musulmans et à vous soumettre à la voix de notre Prophète. C'est là pour vous l'unique chance de salut. »

Mehroujan, en entendant l'arrêt, fut effrayé par la perspective de la mort temporaire ; il se livra lui-même aux supplices éternels, il brisa lui-même le joug doux de la foi en Jésus-Christ et se sépara du troupeau du Seigneur, pour se joindre aux loups dévorants[1].

Au reste, comme cette apostasie ne fut point spontanée mais produite par la terreur d'une mort prochaine, il est possible que Jésus sera touché de son repentir sincère. Quand aux (deux autres) courageux martyrs, revêtus de l'armure de la foi, et ayant la tête garnie du casque du salut, ils dirent : « Jamais, jamais nous ne changerons la vérité divine contre la fausseté, ni la vie éternelle contre une vie temporelle, ni la gloire perpétuelle contre une gloire passagère. ni Jésus-Christ, espérance de tous, contre notre misérable existence. « Ils continuèrent ainsi durant tout le temps de leur emprisonnement à se soutenir réciproquement en se disant l'un à l'autre : « Mon frère, nous avons déjà suffisamment joui de la gloire passagère ; désormais ni les grandeurs et les gloires périssables, ni les manteaux brodés d'or et servant à nous parer, ni l'affection de nos proches, ni la tendresse de nos enfants, ne pourront nous séduire ; rien, absolument rien de tout ce bonheur qui nous entourait, et qui a déjà perdu tant d'âmes, ne peut nous faire tomber. » C'est

[1] C'est-à-dire il se fit Musulman.

ainsi qu'ils s'encourageaient mutuellement dans leurs
souffrances, demandant à Dieu de les faire entrer dans
la possession de la vie future. Enfin arriva le moment
de combattre, ce moment où ils devaient couronner
leur carrière par le martyre : c'était le jour de la
sainte et glorieuse naissance de Jésus-Christ que les
Eglises des fidèles célébrent par des fêtes solennelles
durant huit jours. Alors l'agent de l'injustice (Khazme)
donna l'ordre de les amener devant son tribunal. Sachant d'avance leur fermeté et leur foi ardente en
Jésus-Christ, il ne leur fit plus la proposition (d'apostasie). Il fit amener d'abord sur le lieu du supplice
le bienheureux Isaac; l'instrument de torture était
d'une nouvelle invention : il se composait de deux
pièces de bois fourchues plantées solidement en terre,
les fourches en haut ; le patient était mis au milieu,
on faisait entrer les deux fourches dans ses aisselles,
après avoir solidement attaché ses bras au bois.
On commençait alors à lui appliquer sur le dos des
coups de nerf de bœuf. La flagellation fut continuée d'une manière si cruelle que son corps déchiré
tout entier tombait en morceaux. Le bienheureux
Hamazasp, retenu dans ce moment enchaîné au dehors, priait le Seigneur au fond de son cœur. Ses lè-
vres ne remuaient pas. Sa voix n'était entendue de
personne; son âme pleine d'émotion était comme agitée par de violents sanglots intérieurs, et il suppliait le
Seigneur de lui prêter son assistance dans ce péril qui
le menaçait de si près. Après avoir si horriblement
tourmenté Isaac, on le détacha de l'instrument de
supplice et on amena le bienheureux Hamazasp sur
la même place. Attaché de la même manière au milieu des deux bois, on lui infligea des flagellations

encore plus cruelles ; il les supporta avec un même courage ; puis on donna ordre de les décapiter, ce qui fut fait par les bourreaux avec le plus grand empressement : Isaac et Hamazasp remirent ainsi leurs âmes entre les mains de Dieu et quittèrent ce monde.

Khazme donna l'ordre le jour suivant de pendre leurs corps aux gibets sous la surveillance des gardiens pour que personne d'entre les chrétiens ne pût les enlever et les ensevelir. L'injuste juge resta insensible après leur mort, et l'amertume de son cœur ne s'adoucit point. Il fit ensuite descendre du gibet les corps de ces bienheureux généraux pour les réduire en cendres sur le bûcher ; ces cendres mêmes ne purent être inhumées, car il ordonna de les jeter dans la rivière. Mais, s'il augmentait ainsi leurs souffrances et leurs tourments dans ce monde, il ne faisait, selon les paroles de l'Apôtre, que rendre dans l'autre monde leur récompense plus glorieuse. Il leur était réservé de la part du juste Rémunérateur des faveurs mille fois plus grandes, selon la promesse du Seigneur lui-même, qui a dit : « Quiconque aura quitté maison, ou père, mère, frères, femme ou enfants, pour le royaume de Dieu, recevra beaucoup plus en ce siècle-ci, et, dans le siècle à venir, la vie éternelle[1]. » Ce martyre eut lieu sous le règne de Moussa, et sous le gouvernement (en Arménie) de Khazme, l'an 233 de l'ère arménienne[2] le jour de l'Epiphanie[3] du Seigneur.

---

[1] Luc XVIII, 29.

[2] L'ère arménienne date de l'an 552 de l'ère chrétienne, par conséquent il faut placer cet événement au huitième siècle, en l'an 785, à la fin duquel Moussa-Hadi lui-même mourut.

[3] L'Église arménienne célèbre ensemble les deux fêtes de Noël et de l'Epiphanie le 6 janvier.

Khazme fit encore exécuter le prince de la Géorgie dans des tortures horribles. Il le fit suspendre pieds et mains liés et couper en deux. Ce prince était encore jeune ; c'est ainsi qu'il prit congé de ce monde comme un agneau abattu dans la boucherie. Un an après tous ces forfaits, le calife mourut. Haroun [1], fils de Mahomet et frère de Moussa, homme extrêmement avare, le remplaça sur le trône. Pendant tout le temps de son règne il eut à lutter contre Ovbedla, son frère. Pour apaiser les troubles soulevés entre lui et son frère, il partagea ses États et lui donna le gouvernement de l'Aderbéjan, de l'Arménie avec la Géorgie et l'Albanie. Ovbedla, suivant les mauvais instincts de sa nature, nous envoya des émirs méchants, cruels, impies, et ignorant complétement la crainte de Dieu. Le premier fut un certain Yézid, fils de Mezdéi, le second Abdal-Kébir. Celui-ci passa peu de temps en Arménie, sans se distinguer particulièrement par des actes de bonté ou de méchanceté. Pourtant il semblait donner quelques bonnes espérances. Il fut remplacé par un certain Soliman, véritable scélérat, plus méchant que tous les autres. Ovbedla lui-même se rendit dans la ville de Partavo où il investit Soliman du gouvernement du pays, en lui remettant dans les mains le peuple du Seigneur comme des brebis abandonnées à la merci des loups dévorants. Il accabla les habitants sous un joug insupportable et sous des impôts si lourds que chacun, en lui livrant même tout ce qui lui était absolument nécessaire pour conserver

[1] C'est Haroun-al-Rachid, calife des Musulmans, né à Rei (en Médie), en 765, et mort en 809, à Tour, célèbre à la fois par ses conquêtes et par sa cruauté. Il monta sur le trône en 786 et régna jusqu'à 809, où il mourut

son existence, ne suffisait point à sa rançon. Ce Soliman envoya dans la ville de Devin un certain Ibendoké, son gendre, né d'une servante, d'origine grecque, homme extrêmement dépravé. A son arrivée les souffrances de l'Arménie devinrent plus intenses parce qu'il chargea la population d'impôts exorbitants.

Les prières de tous les nakharars jointes à celles des paysans, du clergé et du Catholicos Isaïe, qui lui demandaient de modifier ou de diminuer ces contributions ruineuses, ne produisirent aucun effet sur lui, et il semblait que la colère du Seigneur eût entièrement livré le peuple chrétien entre ses mains cruelles puisque, loin d'adoucir le sort de la population, Ibendoké expédia sur-le-champ des percepteurs d'impôts de tous côtés en leur ordonnant de lever le plus tôt possible le double de la contribution annuelle. Cet ordre exécuté, ce fils de Satan (Ibendoké) imagina bientôt après une autre cruauté ; il força tous les habitants à porter au cou des sceaux en plomb pour chacun desquels il exigeait d'énormes sommes de zouzé. C'est ainsi que les mesures iniques de ce cruel bourreau ruinèrent complétement le bien-être public et réduisirent la population à la dernière misère. L'année suivante, lorsque Ovbedla vint en Arménie, les mêmes calamités se renouvelèrent mais dans une proportion croissante, de sorte que personne n'était plus maître de ses biens ; tout était généralement livré au pillage, aux spoliations, et la population ne pouvant plus supporter les périls qui allaient toujours en croissant, abandonna d'elle-même ses troupeaux de moutons et de bestiaux pour se réfugier en masse en différents pays ; quant aux Arabes, ils étendirent par-

tout leurs ravages et s'emparèrent de tous les animaux et des biens.

Dépouillés de leur fortune, privés de toutes les
ressources nécessaires à leur entretien, réduits à la nu-
dité, exposés aux horreurs de la famine, les habitants
de l'Arménie s'enfuirent sur le sol grec, au nombre,
dit-on, de plus de douze mille hommes, avec leurs
femmes et leurs enfants. Cette émigration eut lieu sous
la conduite de Chapouh d'Amatouni, de Hamam, son
fils, et des autres nakharars arméniens suivis de leur
cavalerie. L'ennemi inhumain et brutal se mit à leur
poursuite à la tête de ses troupes, et les atteignit dans
le canton de Col sur les frontières de la Géorgie où
dans un engagement il perdit quelques-uns des siens
et fut mis en fuite. Les émigrés traversèrent alors
l'Acampsis [1], rivière qui prend sa source dans le département de Taïque, coule au nord-ouest, traverse
l'Eguérastan [2] et se décharge dans la mer du Pont.

Dès qu'ils eurent franchi ce fleuve, Constantin, empereur d'Orient, en fut immédiatement instruit. Il les
fit venir en sa présence, accueillit honorablement les
nakharars et leur cavalerie, et donna à la basse classe
pour s'y établir de bons et fertiles terrains. Quant au
reste des habitants qui demeurèrent en Arménie, à
l'exemple des Gabavoniens, ils se jetèrent dans la servitude, et devinrent les uns bûcherons, les autres por-
teurs d'eau. Ibendoké, homme infernal et impie qui avait
reçu de Soliman le commandement de Devïn, conçut
et exécuta encore une autre méchanceté. Isaïe, Ca-

---

[1] Aujourd'hui Tshouruc-Sou. Les Arméniens l'appellent Djorokh et la
regardent comme l'ancienne rivière de Pison, l'un des quatre fleuves qui
sortaient d'Eden, situé, selon la Bible, en Arménie.

[2] L'ancienne Colchide et la Mingrélie d'aujourd'hui.

tholicos des Arméniens, distingué par sa vie sainte et la droiture de sa foi, venait de mourir et de retourner vers Jésus-Christ. Trouvant cette occasion très favorable à son dessein, Ibendoké voulut examiner tous les ornements et objets (sacrés) appartenant à la Basilique. Dans ce but, il fit venir en sa présence tout le clergé et l'effraya par d'atroces menaces. « Prenez garde, leur dit-il, je ne veux pas que vous cachiez rien, mettez au jour tout ce que l'Eglise possède, et si quelqu'un d'entre vous dérobe quelque chose et que sa fraude soit découverte, il en répondra par sa propre vie. » Effrayé par de semblables menaces, le clergé livra dans ses mains tout ce qui était renfermé même dans les dépôts secrets, et il ne resta rien de caché. On livra les habits offerts par des princes pour servir à l'ornement du saint et glorieux autel divin et du tabernacle du Seigneur. Après les avoir examinés tous, il parut un moment vouloir s'emparer de tout ; mais il abandonna bientôt ce dessein, se contenta de faire un choix, et prit ce qu'il trouva le plus à sa convenance, soit dans les trésors, soit dans les habits précieux et les autres objets ; le reste il le donna au gardien du temple, en lui ordonnant de le garder jusqu'à l'époque où Etienne [1] monta sur le siége patriarcal. Celui-ci parvenu à la dignité de Catholicos, au moyen d'énormes dépenses, se vit encore obligé de dépenser le reste de sa fortune pour délivrer les domaines et les fiefs du patriarcat.

---

[1] C'est Etienne ou Stéphanos Iᵉʳ, qui monta sur le siége patriarcal l'an 788 de l'ère chrétienne, et qui gouverna l'Eglise arménienne pendant deux ans.

Ici finit le traité[1] chronologique de la race thorgomienne (Arménienne), fait par Ghévond, sur l'ordre du seigneur Chapouh de Bagratouni. Le Seigneur Hamazasp, de l'honorable famille de Mamikon, désireux de posséder ce livre, l'a fait copier à ses frais par Sarkis, humble copiste. Je supplie (tous ceux qui liront ce livre) de me rappeler devant le Dieu miséricordieux, à qui soit rendue éternellement la gloire. Amen.

---

[1] Presque tous les manuscrits arméniens portent à leur fin un semblable mémorial plus ou moins long et intéressant.